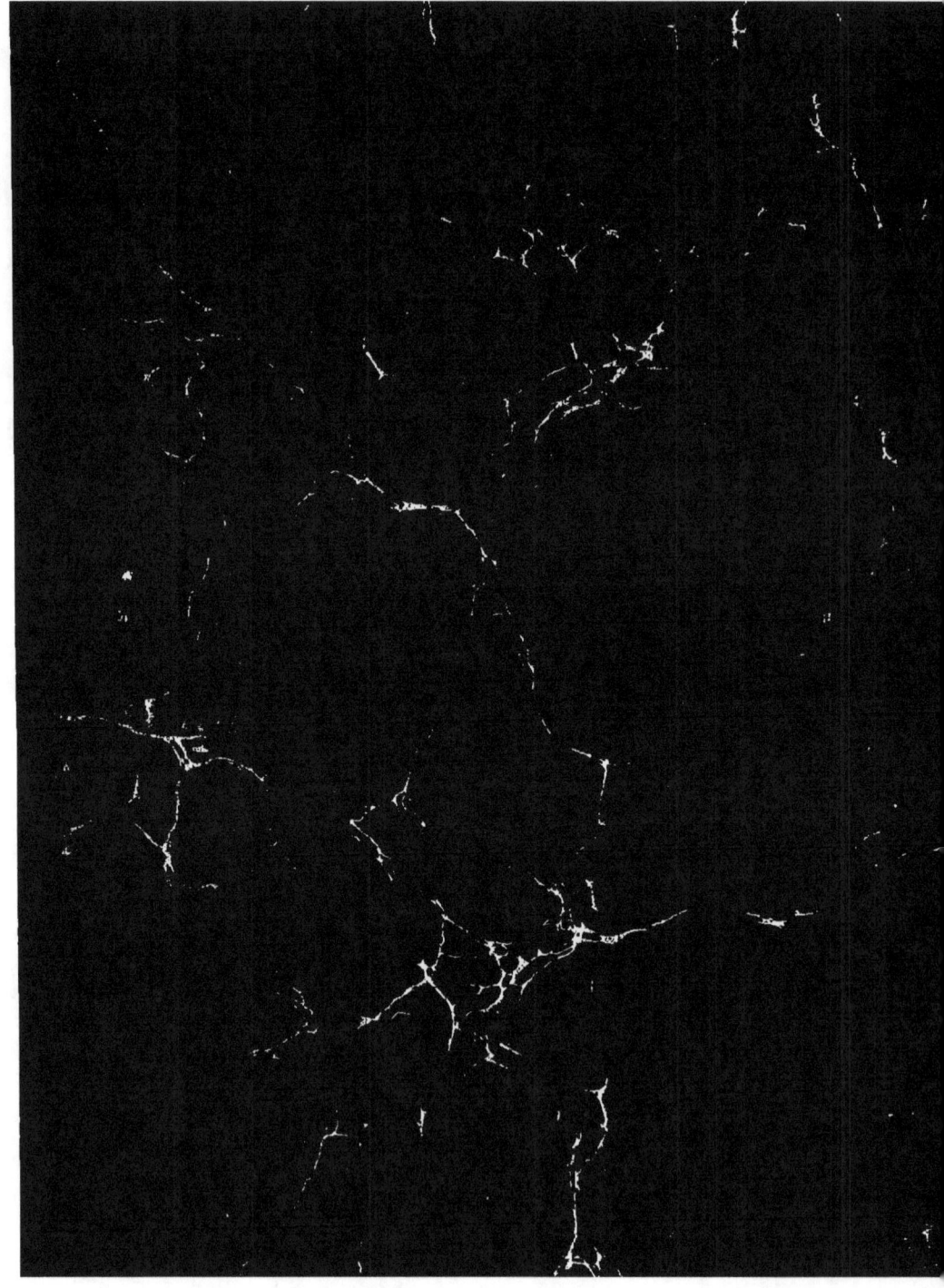

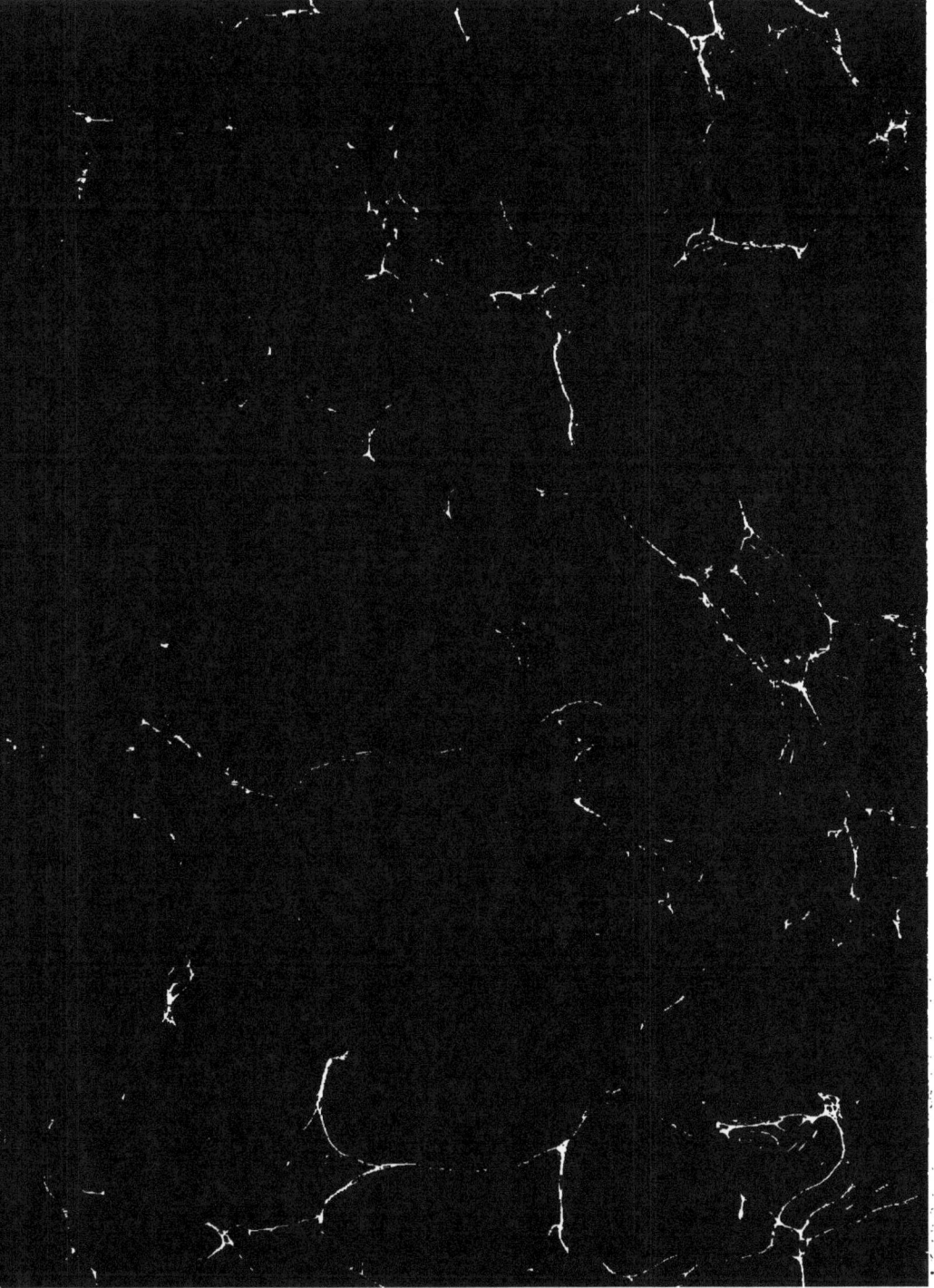

RECHERCHES

sur

LES BÉNÉFICIERS ET SUR L'ÉGLISE DE SAINT-MICHEL,

A BORDEAUX,

Par L. de Lamothe,

Secrétaire de la Commission des Monuments historiques du département de la Gironde; Membre de l'Académie royale des sciences, belles-lettres et arts de Bordeaux; Inspecteur des Monuments historiques du département près le ministère de l'intérieur; Correspondant du ministère de l'instruction publique pour les travaux historiques.

(Extrait du Recueil des Actes de l'Académie.)

BORDEAUX,

CHEZ HENRY FAYE, IMPRIMEUR DE L'ACADÉMIE,

Rue Sainte-Catherine, 139.

1845

A M. F. LEROY,

Préfet du département de l'Indre, Maître des requêtes au conseil d'État.

MONSIEUR,

Le département de la Gironde se souviendra longtemps de l'essor que votre influence a si puissamment contribué à inspirer en faveur de l'étude de l'archéologie locale. C'est à vos travaux, au sein de la Commission des monuments historiques, que l'on doit en grande partie la conservation de plusieurs monuments religieux, pour lesquels autrefois on se bornait tout au plus à professer une froide et stérile admiration.

L'église Saint-Michel en particulier aime à vous compter au rang de ceux qui ont contribué à la restauration du plus précieux de ses ornements, de la chapelle Saint-Joseph. En vous offrant l'hommage de ce travail, je ne fais certainement qu'acquitter, au nom de cette église, une dette de reconnaissance; et il m'est d'autant plus agréable de vous adresser ce faible témoignage de remerciments, que j'y trouve l'occasion de vous exprimer de nouveau les sentiments de gratitude et de respect avec lesquels j'ai l'honneur d'être

Votre très-humble
et très-dévoué serviteur,

L. DE LAMOTHE.

RECHERCHES

sur

LES BÉNÉFICIERS ET SUR L'ÉGLISE DE SAINT-MICHEL

A BORDEAUX.

Un collége de bénéficiers presque toujours en lutte avec une abbaye à laquelle il fut plus d'une fois soumis et dont il secoua plus d'une fois le joug; quelques restes d'architecture du treizième siècle fondus dans une vaste église du quinzième ou du seizième siècle, où ils sont à peine reconnaissables, voilà les traits dominants que présente l'histoire du collége des bénéficiers de Saint-Michel, et l'examen de l'église dédiée à ce saint. Pénétrons plus avant : fouillons des archives; interrogeons des murs.

En abordant un tel sujet, nous courons risque sans doute de ne rencontrer que des questions dépourvues de tout intérêt d'actualité, et qui même n'ont jamais offert d'importance dans les affaires politiques du pays; mais, sous le rapport de l'histoire religieuse locale, il en est tout autrement. Les bénéficiers de Saint-Michel formèrent un corps puissant, qui souvent se posa l'égal de l'abbaye Sainte-Croix; quoiqu'ils se soient toujours dépeints sous des dehors d'une grande pauvreté, il est à peu près certain qu'ils jouirent de grandes richesses; que si trop souvent on trouve de la puérilité, au point de vue de nos idées d'aujourd'hui, dans les sujets qui occupèrent autrefois les sociétés religieuses, il y a toujours dans le spectacle d'une grande vie éteinte quelque chose de grave et de mélancolique qui plaît aux hommes d'étude. Enfin, il suffit de jeter un coup d'œil sur l'église Saint-Michel pour reconnaître que cette vaste église est une de celles de Bordeaux qui offre la plus grande variété d'ornementation, et qu'en faire un sujet d'étude détaillé ce n'est que réparer un oubli.

1° DES BÉNÉFICIERS DE L'ÉGLISE SAINT-MICHEL.

Au onzième siècle (1099), le chapitre Saint-André et l'abbaye Sainte-Croix se disputaient l'église Saint-Michel. Amatus, archevêque de Bordeaux, rassembla les deux parties, les écouta, et déclara que, si l'abbé de Sainte-Croix prouvait par plusieurs dépositions que lui et ses prédécesseurs avaient possédé cette église, il continuerait d'en jouir sans trouble; s'il ne peut fournir cette preuve, le jugement sera ajourné. L'abbé de Sainte-Croix, Falcon, les moines qui l'entouraient, se levèrent, jurèrent sur les quatre Évangiles que leurs prédécesseurs Trencard, et ses moines, avaient obtenu l'église Saint-Michel de l'archevêque Gocelin et du chapitre Saint-André, sous la condition du payement d'une dîme et du droit de confession. Sur cette déclaration Amatus prononça l'union de l'église Saint-Michel au monastère de Sainte-Croix, en y attachant la condition du payement à l'église-mère de deux sols le jour de la fête de Saint-André.

Dans le siècle suivant (1164), Bertrand Ier, archevêque de Bordeaux, prononça de nouveau l'union de cette église à la même abbaye, et le pape Alexandre III confirma cette union la même année.

Cette décision fut-elle exécutée? En l'absence de tous documents, il est impossible de répondre à cette question. Nos archives laissent ici une longue interruption; il faut passer au quatorzième siècle pour retrouver quelque titre relatif à l'église Saint-Michel.

Au commencement de ce siècle, l'union, si elle avait eu lieu suivant la volonté de Bertrand Ier, avait cessé d'avoir son effet, puisque, par une bulle du 21 novembre 1305, Bertrand de Got unit encore l'église Saint-Michel au monastère Sainte-Croix. Il établit que cette église serait desservie par un vicaire perpétuel jouissant d'une portion congrue suffisante pour son entretien, et pour qu'il pût supporter facilement les autres charges de son emploi.

Arnaud, archidiacre de Cernès, fut chargé de l'exécution de cette bulle, et Gérard, notaire apostolique, dressa un acte de fulmination le 3 décembre 1307.

Gérard Gras fut le premier vicaire perpétuel, et il semble avoir vécu en bonne harmonie avec l'abbaye; car nulle trace de querelle n'est parvenue jusqu'à nous. Il en fut bien autrement sous ses successeurs; leur histoire n'est qu'une longue série de démêlés avec le monastère dont ils dépendent, et dont le sujet est bien plutôt l'intérêt personnel que l'intérêt du ciel. Sous Pierre de Bretagne, qui succéda à Gérard Gras, la fixation de la portion congrue fut un long sujet de discussions. Une transaction du 4 novembre 1317 mit un terme à ces débats, en la réglant à 50 livres, payables : 25 livres à la Toussaint, 10 livres à la Nativité, 10 livres à Pâques, 100 sols à la Pentecôte. Le vicaire perpétuel jouira du tiers des legs et donation; le couvent percevra les frais de mariage et d'enterrement, et il aura à sa charge les décimes sur les bénéfices pour les croisades, le luminaire qui brûle devant le christ, et les honoraires des prêtres et clercs qui assistent à la fête de Saint-Michel.

A Pierre de Bretagne succéda Elies de Labatut, qui fut obligé de provoquer, devant des juges délégués par l'archevêque, une sentence du 10 janvier 1349, pour remettre en vigueur celle du 4 novembre 1317.

L'année 1367 voit recommencer ces querelles : Elies Itey, vicaire perpétuel, s'adresse aux vicaires généraux, leur expose qu'il est chargé de dix ou douze mille paroissiens; que l'abbé de Sainte-Croix reçoit ou plutôt ravit tous les revenus; qu'il s'en sert, contrairement au vœu des Canons, pour son usage personnel; qu'aucune portion n'est assignée au vicaire perpétuel; il demande qu'on attribue sur les revenus de l'église des ressources suffisantes pour son entretien et celui de deux prêtres, de trois clercs, et d'un domestique.

Vainement les vicaires généraux s'efforcent de concilier les parties; leurs efforts sont impuissants : ils sont obligés de les renvoyer devant l'official de l'archevêque, qui, le 9 janvier 1370, donna gain de cause au vicaire perpétuel, en condamnant l'abbaye de Sainte-Croix à payer les sommes nécessaires pour l'entretien des personnes désignées. Mais, avant de se résigner, le monastère voulut épuiser tous les degrés de juridiction. La question fut successivement portée devant l'auditeur du palais apostolique et devant le docteur des décrets de l'Église, où de nouvelles condamnations l'attendaient. Pendant ce temps-là Elies Itey mourut; ce ne fut qu'avec son successeur Bertrand Albian qu'une transaction put être passée le 16 août 1376. En voici les principales clauses :

« L'abbé et le couvent remettront au vicaire perpétuel tous les droits et redevances qu'ils recevaient auparavant, savoir, toute la cire, le tiers de l'offrande, soit en argent, soit en pain ; le tiers des dons des visiteurs, le quart des droits d'enterrement, la moitié des étoffes d'or et de soie provenant des paroissiens morts ;

» Le vicaire perpétuel continuera de jouir de tous les droits, dont lui ou ses prédécesseurs étaient en possession ; ainsi, selon un usage ancien, il recevra les redevances pour les permissions qu'il délivre de baptiser hors de la paroisse les enfants, et qui sont 1, 2, ou 3 sterling d'argent ; les droits de mariage, les sommes qui se payent pour obtenir de faire les pâques chez les religieux, celles qu'on est en droit d'exiger lorsqu'on porte l'eucharistie ou l'extrême-onction, ou pour les messes à haute voix dites *de requiem*, pour les anniversaires, notamment pour ceux que les quinze curés de la ville font annuellement, pour les neuvaines que font faire les étrangers, etc.;

» L'abbé et le couvent se réservent le droit de patronage de l'église Saint-Michel, une redevance à leur profit de 50 guinées d'or, un demi-quintal de cire, 60 livres de cire pesant 3 livres, un millier de sardines;

» Tous les legs doivent être partagés entre l'abbé et le vicaire ; les anniversaires des quinze curés sont seuls exceptés ;

» Le bourdieu que Bernard de Porta, citoyen de

Bordeaux, légua au vicaire perpétuel, et qui est situé à Camblanes, est attribué au couvent;

» Enfin, le vicaire promet obéissance et fidélité, et s'engage à se rendre aux processions générales et spéciales, sur l'invitation de l'abbé de Sainte-Croix. »

Guillaume de Larsan, autre vicaire perpétuel, eut aussi à vider des débats avec le monastère; car on trouve la mention d'un accord passé le 22 novembre 1387 pour mettre fin aux querelles qui s'étaient élevées.

La clause du partage des legs entre le vicaire de Saint-Michel et l'abbé de Sainte-Croix n'empêchait pas les fidèles de faire des dons considérables à l'église. Sous le pape Eugène IV, le vicaire et les chapelains perpétuels de cette église demandèrent à employer les fonds provenants de cette origine en acquisition de fonds ou de rente, ou à racheter des dîmes des mains des laïques. Le pape accéda à leur demande, en leur permettant de retirer des mains des laïques les dîmes inféodées jusqu'à la somme de 3,000 florins d'or, sous la réserve que les choses sont conformes à l'exposé qui lui a été fait. Cette bulle fut adressée le 3 des calendes de juin 1444 à l'archevêque Pierre Berland, avec invitation de vérifier l'exactitude des faits allégués, et d'ordonner l'exécution, s'il y avait lieu.

Les vicaires et les bénéficiers perpétuels s'adressent à cet archevêque pour obtenir l'exécution de la bulle; ils lui exposent « que l'église est très-ancienne, fondée par la dévotion des fidèles;...... que cette paroisse est grande et plus étendue dans la ville, et composée d'un plus grand nombre d'habitants qu'aucune autre paroisse de la ville, personnes graves et notables; que les fidèles ont aussi par dévotion institué plusieurs chapellenies et fondé plusieurs anniversaires pour être célébrés dans ladite église, et ont légué pour cet effet diverses sommes d'argent qu'ils veulent être employées en fonds utiles, soit en rentes perpétuelles, soit en rachetant des dîmes des mains des laïques. »

L'archevêque, redoutant les réclamations du monastère, curé primitif, commit des moines mêmes du monastère pour vérifier les faits allégués, afin qu'ils ne pussent prétendre que les opérations étaient dirigées dans un sens favorable aux demandeurs. Un grand nombre de personnes fut entendu dans l'enquête, et les avis furent en faveur de la demande. Mais quelques personnes introduisirent un nouveau chef, en sollicitant la séparation de l'église Saint-Michel du monastère. Leurs déclarations portent « que cette paroisse est la plus nombreuse et la plus étendue de la ville; qu'elle contient plus de paroissiens que quatre paroisses ensemble des plus grandes de la ville, et qu'elle renferme, beaucoup plus que toute autre, un nombre considérable de gens distingués, officiers du roi, jurats, marchands et ouvriers de toute espèce, fort riches. »

On l'a sans doute déjà pensé, le monastère ne resta pas muet devant une telle prétention. Henri, évêque de Bazas et administrateur perpétuel du monastère de Sainte-Croix, intervint pour s'opposer à l'exécution de la bulle, qu'il déclara attentatoire aux droits du monastère. Enfin, une querelle s'engagea, qui n'eut un terme qu'après sept ans de durée. Alors l'archevêque de Bordeaux prononça une sorte de transaction. Son ordonnance du 11 avril 1451 porte que la bulle sera exécutée, sous les conditions que les acquisitions que les chapelains pourront faire dans la suite leur appartiendront en entier; que les legs, dont le monastère est en jouissance, seront conservés par lui, et que, si les chapelains acquièrent quelques dîmes dans les paroisses dépendant du monastère, ils seront obligés d'en déclarer le véritable prix, afin que les religieux puissent les prendre pour eux, s'ils le jugent convenable; dans ce cas, ils rembourseront la somme payée. Un délai d'un an leur est accordé pour faire cette option après l'achat.

Les choses paraissent être restées en cet état, sans grandes discussions, jusqu'au moment où Louis XI vint à Bordeaux. Ce souverain demanda au pape Paul II d'ériger en collégiale la vicairie perpétuelle de Saint-Michel. Cette église comptait alors quatre-vingts chapellenies; mais vingt-six chapelains au plus se rendaient assidûment aux offices divins.

La bulle sollicitée intervint le 8 juin 1466; elle donne à l'église le titre de collégiale, semblable à l'église Saint-Seurin. Un doyen doit prendre la place du vicaire perpétuel; autant de chanoines et de portions canoniales qu'il y a de chapelains seront établies. La présentation du doyen appartient à l'abbé de Sainte-Croix, l'élection des chanoines au futur chapitre de Saint-Michel; la nomination du doyen, la confirmation du choix des chanoines, sont dévolues à l'archevêque de Bordeaux, de même que le partage des revenus entre les ayants droit. De nouveaux chanoines ne seront pas élus, jusqu'à ce que leur nombre soit réduit à quinze.

Le 18 novembre de la même année (1466), les bénéficiers demandèrent à l'official de les faire jouir des avantages de cette bulle; mais il ne paraît pas qu'elle ait jamais reçu d'exécution. L'archevêque Artus de Montauban, par une constitution du 14 novembre 1467, en modifia les dispositions, en accordant aux chapelains les bénéfices portés dans la bulle, sans leur en imposer les charges. Il remarque qu'indépendamment d'un grand nombre de chapellenies, fondées dans cette église et tenues par des prêtres qui n'y desservaient point ordinairement, il y avait une mense commune de dotation fondée par les testaments des fidèles ou autres dons, pour célébrer les anniversaires et l'office divin, et à laquelle participaient le vicaire perpétuel et les chapelains résidants et desservant journellement; que le nombre des chapelains résidants avait été jusqu'alors confus et indéterminé; que, d'ailleurs, les revenus de la mense commune étaient faibles et ne pouvaient suffire à l'honnête entretien des titulaires. Il ordonne en conséquence que ce nombre de chapelains, qui formaient la communauté, soit arrêté au nombre fixe et plus modéré de vingt-quatre, y compris le vicaire perpétuel, leur attribuant tant les revenus des anciens bénéfices que les dons et legs pies qui formaient la dotation commune; il érige les vingt-quatre bénéficiers en corps mystique et collège ecclésiastique pour la gloire de Dieu, sous l'invocation de la sainte Vierge et de saint Michel, archange, et les oblige d'assister tous les jours de dimanche à la procession qui se fait avant la messe dans le cimetière, et ensuite à la messe de paroisse et aux vêpres..... Il leur accorde d'avoir une chambre capitulaire et un sceau commun. Enfin, ils créeront plusieurs syndics pour l'administration des affaires communes, et ils feront généralement tous les actes que font ou peuvent faire les chapitres des églises collégiales.

Cette ordonnance ne fut pas plutôt connue que l'abbé et les religieux de Sainte-Croix se plaignirent au sénéchal de Guyenne d'être troublés dans leurs droits, dans leurs possessions.

Les bénéficiers répondirent en soutenant l'incompétence du sénéchal. C'est l'official, dirent-ils, qui a été chargé d'assurer l'exécution de cette ordonnance; lui seul a droit d'en connaître.

Le sénéchal ne s'arrêta point; il fit procéder à une enquête par le sieur Charpentier qu'il commit à cet effet.

Les bénéficiers de leur côté firent une contre-enquête. Dans les dépositions on remarque que les chapelains résidants ont été quelquefois vingt-six, d'autres fois vingt, alors vingt-quatre.

Pendant que ce débat s'agitait entre le monastère et la vicairie, les paroissiens prirent fait et cause. Le grand ouvrier soutint que les moines ne pouvaient se dire maîtres de l'église, parce qu'elle appartenait aux paroissiens; qu'ils en étaient les seuls fondateurs, et contribuaient seuls à leur entretien. Et dès ce moment, on remarque que les moines cessèrent de se prétendre propriétaires de l'église ; ils déclarèrent qu'ils n'entendaient rien entreprendre au préjudice de la fabrique et de ses droits.

Pendant ce temps, le sénéchal poursuivait; les moines n'avaient peut-être pas porté devant lui l'instance, sans quelque présomption de la décision. Son jugement porta défense d'exécuter l'ordonnance.

Les bénéficiers firent appel. L'affaire fut plaidée au tribunal des grands jours des ducs de Guyenne, et enfin évoquée au parlement, qui, par arrêt du 22 décembre 1492, mit toutes querelles au néant, et ordonna que les bénéficiers continueraient de jouir de leurs statuts, possessions, et liberté; qu'ils pourraient s'ériger en conséquence en chapitre collégial, avoir un sceau capitulaire, et s'assembler au son de la cloche.

Ne pouvant plus agir par eux-mêmes, les moines suscitèrent des chapelains non résidants et quelques fondateurs de chapelles, qui se rendirent encore opposants à l'arrêt. Le sieur Raphaël, conseiller au parlement, et chargé par ce corps de l'exécution de cet acte, ne s'arrêta pas à cette opposition, et l'ordonnance d'Artus de Montauban reçut enfin son exécution.

De nouvelles plaidoiries eurent encore lieu; mais elles ne firent pas changer l'état de choses établi, et depuis ce moment les bénéficiers nommèrent au scrutin aux places vacantes; la collation appartint à l'archevêque de Bordeaux; le même prélat fut collateur de la cure de Saint-Michel, mais sur la présentation des pères bénédictins de Sainte-Croix. Les relations des deux corps paraissent dès lors établies d'une manière plus fixe; les discussions n'ont pas sans doute pris fin : entre deux partis irrités et presque rivaux, les sujets de querelles abondent toujours; mais il ne s'agira plus, dans les démêlés, que de droits, de prérogatives.

Une des circonstances les plus importantes que nous présente l'état de ces bénéficiers, est l'union, à mesure de la mort des titulaires, des chapelles fondées dans l'église. Cette disposition fut prescrite le 11 avril 1608 par le cardinal de Sourdis, qui ne fit en cela que suivre les prescriptions du concile de Trente. La prise de possession de ces chapelles, par le syndic de la compagnie, eut lieu en vertu de cette union le 14 avril 1608, et un arrêt sur requête, rendu par le parlement de Bordeaux le 27 avril 1619, ordonna aux détenteurs des titres des chapelles de les remettre dans quinzaine dans les archives de la compagnie, faute de quoi il serait permis au syndic de faire saisir leurs revenus.

Cette prescription générale ne fut pas suffisante; l'intervention du parlement ou d'autres autorités supérieures fut nécessaire dans beaucoup de cas : ainsi un arrêt du parlement de Bordeaux, du 7 septembre 1612, unit la chapelle de Raymond Ducasse à la mense bénéficiale;

Un concordat fut passé le 26 juin 1615 entre la compagnie des bénéficiers et Martial Doret, pour l'union de la chapelle de Guilhem Itey, dont le sieur Doret était pourvu;

Un arrêt du parlement du 3 février 1622 unit la chapelle de Raymond Dupuy, dite *de Perreriis*, à la mense bénéficiale;

Un arrêt du grand conseil du 15 avril 1625 unit la chapelle de Pey Jamart;

Par appointement du sénéchal de Guyenne ou de son lieutenant, en date du 22 décembre 1645, la chapelle de Guilhem Blanc, dit *Langlès*, fut réunie à la mense bénéficiale;

D'après une transaction sur procès, du 9 avril 1699, retenue par Jacob Despiet, notaire, et passée entre les bénéficiers et les religieuses de Notre-Dame de Bordeaux, les chapelles de Pey Martin et de Durand Bozon furent abandonnées à la compagnie des bénéficiers;

Une sentence du sénéchal de Guyenne, du 20 février 1687, unit la chapelle d'Arnaud Gramond à la mense bénéficiale. Un appel eut lieu; mais, par transaction du 24 janvier 1690, cette union fut définitivement opérée;

La chapelle d'Arnaud de Puchmoton fut, depuis l'union générale, unie au séminaire Saint-Raphaël, qui en jouit jusqu'à la révolution;

Les bénéficiers demandèrent l'union des chapelles de Benoît de Lespine, de Guilhem de Gazen, et de Pey Doignac; mais les chapelains pourvus de ces titres furent maintenus en jouissance, les deux premières ayant été reconnues de collation laïque, et la dernière de la collation des gardiens des cordeliers.

Pendant qu'il discutait avec les possesseurs de chapelles, le collége des bénéficiers ne cédait point aux prétentions incessantes de l'abbaye sa suzeraine. De ce côté, il y avait toujours à soutenir des débats dans lesquels la futilité du fond indiquait presque toujours l'état de rivalité des esprits, faciles les uns à éluder des promesses, les autres à envahir des droits acquis ou concédés. Divers actes, que nous ne pouvons que citer, confirment pleinement cette assertion.

Un arrêt du parlement du 20 mai 1623 obligea les bénéficiers d'assister les moines de Sainte-Croix aux processions et de marcher sous leur croix, conformément à d'anciens règlements de 1387 et de 1477.

Un autre arrêt du même parlement, du 29 avril 1638, cassa un prétendu hommage d'un mouton que les moines de Sainte-Croix exigeaient de chaque bénéficier, après avoir chanté leur première messe dans l'église Saint-Michel.

En 1646, les moines de Sainte-Croix refusaient de fournir aux bénéficiers *l'entretien nécessaire,* les jours des Rameaux et des Rogations, suivant l'usage. Ils ne cédèrent que devant un arrêt du parlement du 8 mai, qui leur imposa formellement cette obligation.

Une transaction fut passée le 14 mars 1663 devant Douteou, notaire, entre les moines de Sainte-Croix et le sieur Lespinasse, vicaire perpétuel de Saint-Michel, pour régler encore de nouveaux sujets de contestation.

Enfin, en 1776, la fabrique Saint-Michel discutait aussi avec le monastère et même avec le collége bénéficial de la paroisse, pour la futile prérogative de savoir sous quelle croix on marcherait aux processions de l'abbaye. Des querelles survenues entre la fabrique et les bénéficiers donnèrent encore lieu à la production de longs mémoires sur lesquels intervint un règlement sous forme de transaction, en date du 17 juillet 1777.

Aujourd'hui, la puérilité de ces discussions n'est pas seulement un signe d'étonnement; on ne peut aussi se défendre d'un sentiment douloureux, en voyant l'état des esprits à des époques qui ne sont pas très-éloignées. En 1679, on touchait les écrouelles dans la chapelle Saint-Louis, à Saint-Michel; c'est ce qu'atteste une ordonnance de Henri de Sourdis du 23 août de cette année. Cet archevêque défend cette pratique, parce que *ce privilége de toucher tels malades est réservé à la personne sacrée de notre roi très-chrétien, et que, quand bien même il se trouverait quelque personne qui eût ce don, elle ne le pourrait sans notre permission expresse par écrit.*

Les principaux actes des archevêques qui succédèrent à Henri de Sourdis, et relatifs à l'église Saint-Michel, consistent en des réductions de fondations, réductions prononcées, presque toujours, à la suite des longues doléances des bénéficiers sur leur état précaire.

Par ordonnance du 17 mars 1756, l'archevêque de Lussan réduisit les offices et acquit des fondations. Le 9 janvier 1765, sur l'exposé détaillé de l'état des revenus des bénéficiers [1], le nombre de ces prêtres, qui était de vingt-quatre, fut réduit à quatorze. Un arrêt

[1] Voir la Note.

du parlement du 16 janvier ordonna l'exécution provisoire de ce décret. Des lettres patentes portant confirmation de cette décision furent données à Versailles en mars 1765, et un arrêt du parlement du 4 mai suivant homologua ces lettres patentes et ce décret. Le prince de Rohan, par ordonnance du 20 juin 1775, réduisit aussi certaines fondations très-anciennes de messes basses.

Après avoir présenté les principales vicissitudes qu'eurent à subir les bénéficiers attachés à l'église Saint-Michel, disons quelques mots sur les réunions séculières qui eurent cette église pour siége.

Les habitants de la paroisse de Saint-Michel formèrent un grand nombre de confréries : celle de la Trinité remonte jusqu'au milieu du treizième siècle. « Cette confrérie, dit l'abbé Baurein, était dans son principe cléricale, ainsi qu'il est exposé dans quelques titres, c'est-a-dire qu'elle était composée de clercs ou ecclésiastiques. »

Plusieurs autres confréries, fondées dans la même église, furent incorporées dans la suite à celle-ci, notamment celle de Saint-Michel, qui existait en 1395; celle du Saint-Sacrement, anciennement appelée *du Cors de Dieu*, qui se réunit en 1444 à celles de la Trinité et de Saint-Michel, déjà unies. Plus tard vinrent se joindre celle de Saint-Pierre, fondée en 1444; celle de Sainte-Catherine, établie en 1459. Enfin se forma, à une époque plus récente, la confrérie Saint-Laurent, qui vint encore se fondre dans les précédentes.

Ces diverses confréries, sous le nom de celle de la

Trinité, furent ensuite unies à la fabrique, qu'elles enrichirent de leurs rentes. Plusieurs actes de la fin du seizième siècle attestent cette union.

Lorsque le cardinal F. de Sourdis eut converti l'église Saint-Jacques, rue du Mirail, en prieuré pour les jésuites, la confrérie Saint-Jacques, dépossédée de son sanctuaire, vint s'installer dans l'église Saint-Michel. C'était en souvenir de cette ancienne possession que, tous les ans, cette société se rendait autrefois en procession, le jour de la fête de saint Jacques, avec le clergé de Saint-Michel, dans la chapelle de la rue du Mirail.

En parlant de la construction de l'église nous indiquerons les lieux où se réunissaient quelques-unes de ces confréries; l'une d'elles cependant, par son importance, par les faveurs qu'elle obtint de nos souverains, mérite encore que nous entrions ici dans quelques détails. On a deviné que nous voulions parler des Montuzets.

Cette dernière confrérie était la plus célèbre de toutes. Louis XI se trouvant à Bordeaux, au moment où elle célébrait sa fête, voulut bien accepter le titre de premier confrère; il lui accorda des priviléges. C'était bien assez pour lui donner l'éclat qu'elle conserva longtemps. Le titre de concession accordé par ce souverain prouve que cette société existait déjà depuis longtemps :

« Louis, par la grâce de Dieu, roi de France, sçavoir faisons à tous présents et à venir qu'en l'honneur de Dieu, notre créateur, et de la glorieuse vierge Marie, et à ce que nous et nos successeurs soient participants des messes, prières, et bienfaits, que les confrères de la confrérie de Notre-Dame des Montuzets feront dire et célébrer en ladite confrérie, nous avons confirmé et confirmons, par ces présentes, auxdits confrères, les priviléges, franchises, et libertés, qu'ils et leurs prédécesseurs ont accoutumé d'avoir, pour en jouir par eux et leurs successeurs confrères d'ores en avant à toujours perpétuellement, ainsi et en la forme qu'ils ont par ci-devant joui et usé. »

Par les mêmes lettres, il leur donne de rente annuelle et perpétuelle trois tonneaux de vin à prendre sur la comptablerie, pour être employés aux frais de cette confrérie le jour qu'ils vont en procession à Montuzet; il permet aux membres de cette confrérie de faire des pêcheries sur la rivière, et les prend sous sa protection; ils peuvent prendre leurs habillements de blanc et de rouge, à leur guise. Enfin personne, s'il n'est du serment de cette confrérie, n'a droit de passer gens ou chevaux sur la rivière.

La fête de la confrérie se célébrait le samedi après l'Ascension; on se rendait en grande solennité à la chapelle de Notre-Dame de Plassac, appelée Montuzets, près Blaye, et dont les ruines subsistent encore. Quelques jours avant la fête, des officiers de la confrérie parcouraient la ville, enseignes déployées, précédés de fifres, de tambours, avertissant leurs confrères de se préparer au voyage. « Les officiers font l'exercice, dit du Tilhet, avec leurs enseignes dans les places publiques, dans certains cantons de rue, et au-devant des hôtels des personnes constituées en dignité. Le départ était précédé de repas splendides dans lesquels ne régnait pas toujours le bon ordre convenable. » « Durant tout le voyage, on ne dit qu'acclamations au roi, mille souhaits et prières à Dieu pour sa conversion; et, en cette allégresse, ils se donnent la liberté de le saluer comme leur premier confrère [1]. »

D'après un procès-verbal constatant la visite de l'église, faite le 16 mai 1683 par l'archevêque de Bourlemont, le syndic de la compagnie des Montuzets représenta les statuts « écrits dans un ancien livre en lettres anciennes et en gascon. »

Cette société avait un chapelain qui était ordinairement choisi parmi les bénéficiers de l'église.

---

[1] Grimaud, *Traité de la dévotion et miracles de Notre-Dame en l'église Saint-André de Bordeaux.*

NOTE.

En 1760, le revenu des bénéficiers est évalué, d'après des comptes déposés dans les archives de l'Archevêché de Bordeaux, à.................. 12,402^l 14^s 8^d

Les charges à....................... 4,000 » »

Reste net............... 8,402^l 14^s 8^d

Voici le détail du revenu et des charges.

Revenu.

Bourdieu d'un journal et demi en vigne et quelques agrières, situés dans les paroisses de Bassens et Lormont, au lieu appelé à la Tour noble de Beguey................ 480^l »^{s} »^{d}

Bourdieu en Queyries, auquel sont joints un dimon et quelques agrières............... 1120 » »

Bourdieu à la Souys, paroisse de Floirac, avec quelques portions de dîmes ou agrières.. 500 » »

Bourdieu à Cambes................... 400 » »

Aubarèdes dans le bourdieu de Queyries.... 36 » »

Vingt-huit maisons en ville (savoir, deux au Marché-Neuf, trois rue Mossen, une rue des Herbettes, quatre rue des Andouilles, une place Canteloup, une rue Ducasse, une rue Permentade, une rue Planterose, deux rue des Bouviers, deux rue Nérigean, une rue Sainte-Croix, une rue des Fours, une rue des Capucins, un chai rue des Fours, maison près de la porte de la Grave, autre rue Causserouge, une rue du Pas-Saint-Georges, une rue Saint-Paul, une rue des Vignes, une rue du Loup.)............ 6,878 » »

A reporter............... 9,414^l »^{s} »^{d}

Report..................	9,414^l ^{s} ^{d}
Dîmon de Montuchan affermé au curé....	40 » »
Dîmon de Saint-Caprais affermé au curé...	50 » »
Dîmon de Cailleau...................	90 » »
Agrières à Bègles....................	165 » »
Agrières dans les Graves..............	175 » »
Agrières dans Cambes et Quinsac........	250 » »
Rentes obituaires....................	84 » »
Rentes foncières.....................	834 14 8
Lods et ventes......................	1,300 » »
Total.................	12,402^l 14^s 8^d

Charges.

Entretien de la sacristie.....................	500
Réparations des maisons de ville..............	1,500
Rentes foncières, constituées ou viagères, dont la société est chargée............................	800
Frais indispensables pour la poursuite des affaires de la société.................................	1,200
	4,000

Pour gérer leurs affaires, les bénéficiers nommaient chaque année trois syndics; savoir : un syndic receveur, un syndic *ad lites*, et un syndic punctuateur. Les revenus se partageaient non en vingt-quatre portions, mais en vingt-cinq, dont une était distribuée entre les divers syndics.

Les comptes de la cure, vicairie perpétuelle de Saint-Michel, sont établis, pour la même année 1760, comme ci-après :

Revenus................................	1,500
Charges................................	520
Reste net...................	980

Voici le détail :

Revenus.

Casuel : mariages et enterrements.............. 1,500[l]
Portion bénéficiale................................ mémoire.

Charges.

Honoraires des trois vicaires (un d'eux n'était pas logé chez le curé)..................................... 400
Pain pour la communion..................... 90
Cierges d'une livre pour les vingt-quatre bénéficiers, et d'une demi-livre pour le reste du clergé, que le curé est obligé de donner le jour de la Chandeleur, aux termes d'une transaction du 9 avril 1514.............. 30

Total des charges................ 520

En 1790, la moyenne du traitement de chaque bénéficier était, d'après leur déclaration faite au district de Bordeaux, de 1,398 liv. L'un d'eux, le sieur Batanchon, déclara que la moyenne des revenus des dix dernières années avait été de 1,587 liv. 16 s. 9 d. Dans ces sommes n'étaient pas compris les revenus des chapelles auxquelles la plupart de ces prêtres étaient attachés, ou les redevances auxquelles ils avaient droit comme attachés à la société de la trézaine de Notre-Dame de la Place. Ces ressources auxiliaires élevaient moyennement leur traitement de 400 fr.

Une requête des bénéficiers, présentée en 1764 au cardinal de Sourdis, afin d'obtenir la réunion à leur mense de chapelles qui subsistaient encore sur la tête de leurs anciens titulaires, donne des détails circonstanciés sur leur état financier ; en voici un extrait :

« Les bénéficiers se sont crus obligés d'accepter plusieurs fondations pour se remettre en fonds ; c'est ce que leur peu de faculté leur a fait quelquefois accepter trop légèrement, se chargeant de fortes obligations pour de légères rétributions. Il en est même quelques-unes dont on ne trouve point l'emploi ; et comme tous ces fonds ne sont venus qu'à parcelles, il n'a jamais été possible d'en faire un emploi aussi utile qu'il serait à désirer. Ce n'est que par une prudente économie qu'ils les ont employés selon les occasions, soit en campagne, soit en ville. C'est de là que sont venues les maisons en ville et biens de campagne dont ils jouissent; mais le tout accumulé n'a jamais pu leur fournir qu'un très-mince revenu.

» En effet, quant aux maisons dont ils jouissent, elles sont au nombre de vingt-six. Cette énonciation de vingt-six maisons semble former d'abord un grand objet; mais si l'on considère qu'on compte pour maisons de petites échoppes de 60 jusqu'à 100 livres de revenu, il y a beaucoup à rabattre de l'idée qu'on aurait d'abord conçue ; et si l'on observe que la plus grande partie sont très-vieilles, menaçant une ruine prochaine, et ne peuvent être habitées que par de pauvres gens qui payent mal, et quelquefois se retirent sans payer, et qu'enfin elles sont sujettes à de continuelles réparations, on reconnaîtra que ce qui peut rester du prix des loyers se réduit à peu de chose. Les principales sont cinq ou six, qui ont été relevées depuis peu de fond en comble par les remboursements qu'on a reçus de la ville, ou par diverses fondations accumulées; ce sont celles qui font le principal revenu. Mais étant situées dans des quartiers peu favorables, on ne peut en retirer un revenu proportionné aux frais de la bâtisse, et il faut en distraire les intérêts qu'on est obligé de payer pour quelques sommes empruntées aux fins de les rebâtir. Les loyers de toutes ces maisons, suivant le prix des baux, s'élèvent à 5 ou 6,000 l. C'est de là comme du plus liquide de leurs revenus qu'ils payent 5 à 600 livres de décime; c'est de là qu'ils tirent environ 1,400 livres pour les frais du bureau des messes et l'acquit de près de deux mille six cents messes, tant hautes que basses, dont ils sont chargés. Et ce qui reste, après avoir pourvu aux réparations, les aide à payer les frais de culture de leurs biens de campagne, et est bien éloigné d'y suffire ; en sorte que de ce grand nombre de maisons il ne leur reste d'autre revenu que celui qu'ils emploient en campagne.

» Le second revenu consiste en quatre bourdieus en campagne, éloignés, loin l'un de l'autre, d'où ils ne recueillent que du vin, et dont les frais absorbent, comme on a remarqué, tout ce qui peut leur rester des loyers de leur maison et beaucoup au delà. Ce sont donc des vins qui sont leur principal revenu, denrée très-équivoque qui quelquefois n'égale pas les frais, sauf quelques parties en petite quantité, qui proviennent d'agrières. C'est la vente de leur vin qui doit former la masse et le capital de leur prébende; mais à combien de cas fortuits cette denrée n'est-elle pas sujette? à quelles corvées n'est-on pas assujetti auprès des marchands, qui, pour l'ordinaire, retardent les payements à l'extrême, si tant est qu'ils n'en fassent pas perdre quelque partie? S'il arrive une bonne année, ils pourront avoir chacun de 4 à 500 livres. Mais combien faut-il d'années pour en faire une de cette sorte? Chacun sait par expérience qu'en dix ans il arrive toujours des accidents qui font perdre tantôt la moitié, tantôt les deux tiers de la récolte, et quelquefois même constituent les propriétaires en des pertes considérables.

» Enfin, le troisième revenu consiste en quelques rentes directes qui se ramassent avec beaucoup de soin, et qui, par elles-mêmes, ne peuvent faire un grand objet. Ils tâchent de les conserver, principalement à cause des lods et ventes, qui en reviennent quelquefois. Mais cette espèce de produit éventuel entraîne souvent des procès ruineux, de longues et fâcheuses discussions dont l'événement est toujours à craindre, en sorte qu'on peut à peine compter ce produit comme un revenu.

» Dans cette situation, le corps des bénéficiers a recours à Votre Grandeur, comme un père commun et protecteur spécial de leur état, la suppliant très-humblement de pourvoir à ce que leurs bénéfices soient dotés d'une façon plus convenable, soit par l'union de quelque bénéfice simple et suffisant, soit par la réduction à un moindre nombre, eu égard à leur peu de revenu. Ce sont les deux moyens proposés par le concile de Trente, qui désire que les ecclésiastiques soient dans un état décent, eu égard à la qualité des personnes et du lieu.

» L'église de Saint-Michel formant la paroisse la plus considérable de la ville par son édifice, par son étendue et le nombre de ses paroissiens, on estime communément que les ecclésiastiques qui y sont attachés ont des revenus considérables. C'est l'opinion des gens du monde, qui ne juge que par le dehors, et qui infère de la magnificence de l'édifice que ceux qui la desservent doivent être très-riches. Il est de la dignité de Votre Grandeur, qui voit que ce grand état se réduit à |peu de chose, de leur donner un état plus décent et plus avantageux. »

En terminant cette première partie de notre travail, nous devons remercier les personnes qui ont bien voulu mettre à notre disposition les matériaux dans lesquels nous avons puisé les faits ci-dessus : M. Pery, caissier du Mont-de-Piété de cette ville, nous a permis de fouiller avec liberté dans sa collection, des documents publiés sur la Guyenne, collection la plus complète que nous connaissions; M. Gras, archiviste du département, facilite les recherches à tous ceux que leur goût pour les études historiques ou archéologiques porte à consulter nos archives départementales.

Ce dépôt des archives de la Gironde contient un nombre considérable de papiers, registres, volumes, etc., sur Saint-

Michel. Nous y avons principalement remarqué un registre des archives de l'église, dressé par le sieur Lyet, prêtre bénéficier. Ce registre fut commencé le 1er octobre 1602, « jour auquel fut achevé le cabinet des archives derrière l'autel Saint-Jean. »

En 1754 et 1755, l'abbé Baurein procéda de nouveau au classement de ces papiers; il en fit inventaire.

Dumage, prêtre bénéficier, se livra aussi à des recherches fort étendues; mais on ignore le sort de ses manuscrits mentionnés sous les nos 5127 et 5129 de la bibliothèque historique de la France, par Lelong, et dont le dernier est indiqué comme déposé dans le cabinet de ce prêtre.

Le même Dumage a publié un recueil de bulles sur Saint-Michel, mentionné dans le même catalogue sous le n° 5128 et qui est extrêmement rare.

Enfin, en 1768, le sieur Montmirel, syndic, dressa un nouvel inventaire général des archives des bénéficiers de Saint-Michel. Dans un second registre intitulé : *Observations pour servir à l'intelligence de la liste générale tant de la ville que de la campagne*, il discute la validité des titres de fiefs que possèdent les bénéficiers; ce document renferme des observations relatives à quatre cent soixante-dix-sept fiefs.

2° DESCRIPTION DE L'ÉGLISE SAINT-MICHEL.

Nous nous proposons ici d'abord de décrire le monument pris dans son ensemble, d'assigner autant que possible une date à chacune de ses parties, et de rattacher à cette revue les détails que nous avons pu recueillir sur la construction même de l'édifice; nous passerons ensuite en revue les objets de sculpture, l'ornementation proprement dite; enfin nous examinerons ce qui a été dit sur le clocher isolé.

Disposition générale. — Cette église, orientée à l'est, a pour plan la croix latine avec collatéraux. Sa longueur totale est de 74 mètres; la longueur du transsept est de 30 mètres 60 centimètres. Deux rangs de piliers (huit sur chaque rang) règnent dans toute sa longueur et la divisent en trois nefs. Quatre chapelles sont percées dans chaque nef latérale. Le chœur est bordé de bas côtés rectilignes, dans chacun desquels furent installées trois chapelles. Une porte est établie à chaque extrémité du transsept; une troisième à l'ouest. La sacristie, petit édifice moderne, est placée contre le bas côté méridional. L'abside tout entière, le côté latéral nord, sont masqués par des constructions privées.

1° *Description du monument.*

Extérieur. — Trois absides, à trois côtés rectilignes chacune, défendues aux angles par des contre-forts, forment la tête du chœur et des bas côtés. Leurs voûtes, moins élevées que celles qui leur succèdent dans la longueur de l'église, sont dépourvues de charpente. L'extrados de ces voûtes a la forme de pyramides quadrangulaires, très-aplaties; celle du milieu est surmontée d'une croix. Après les absides latérales, les chapelles qui ouvrent dans les bas côtés viennent donner une nouvelle largeur au bâtiment.

La face occidentale présente les saillies suivantes : deux contre-forts aux angles, deux nouveaux contre-forts, deux tours renfermant chacune un escalier à vis, enfin deux petits contre-forts attenant à ces tours et entre lesquels s'ouvre la porte. Des pierres d'attente sur ces derniers contre-forts semblent indiquer un projet de construction : un porche devait probablement, d'après l'idée de l'architecte, former saillie au-devant de cette façade.

Quatre fenêtres flamboyantes, trois à quatre compartiments, une à trois, s'ouvrent sur cette face entre les contre-forts.

Les pyramides engagées, dont la succession forme plusieurs étages sur les contre-forts; les arcs en doucine, qui couronnent les fenêtres, sont garnis de crosses.

Les deux tours déjà mentionnées s'élèvent sur un plan d'abord carré, mais qui à une certaine hauteur devient octogonal; elles dépassent en hauteur les contre-forts qui leur sont accolés; ceux-ci ont d'élévation 23 mètres 50 centimètres environ, et les tours 34 mètres. Un arc en doucine garni de crochets enveloppe la dernière archivolte de la porte. Au-dessus, un peu à distance, est un cordon cintré. Une bande horizontale coupe le sommet de l'arc en doucine, et va s'arrêter sur les extrémités de l'arc cintré. Des naissances d'arcs dans l'angle de la façade et des contre-forts indiquent encore ici l'intention d'un travail qui fut à peine commencé.

Au-dessus d'un nouveau cordon horizontal s'ouvre une rose à meneaux flamboyants; elle est encadrée de plusieurs arcs ogivaux formant des retraites successives, régulières les unes sur les autres, et dont les extrémités inférieures vont appuyer contre les contreforts en retournant à angle droit. Un arc en doucine avec crosses forme la dernière enveloppe de ce cadre. Derrière le sommet de ce dernier arc se profilent plusieurs cordons horizontaux. Au-dessus on voit les naissances d'un pignon garni de crochets, au milieu duquel une élégante niche renferme la statue de saint Michel.

Cette partie a été exhaussée et se termine aujourd'hui par une mauvaise façade de belvédère, dans l'ouverture duquel on a installé une petite cloche.

Cette porte occidentale est désignée dans les anciens titres sous le nom de porte *Esponsau*. Ce mot rappelle sans doute l'usage de célébrer les mariages sous la porte des églises, usage qui fut usité dans la religion catholique, depuis le treizième siècle jusqu'au milieu du seizième.

La face nord, cachée par des habitations privées, forme en plusieurs points une ligne brisée. Le premier contre-fort, à partir de l'est, s'appuie diagonalement contre l'angle; au second contre-fort l'église gagne un peu en largeur; le troisième est appuyé obliquement, et le mur forme en ce point un angle obtus extérieur. Les deux contre-forts placés aux angles du portail nord présentent plusieurs redans, et le mur de face se dirige toujours obliquement, de manière à augmenter la largeur de l'église. Derrière le sixième contre-fort est établie une petite pièce, après laquelle le mur de l'église prend une direction opposée à celle qu'il suivait, c'est-à-dire que l'église se rétrécit. Le septième contre-fort est placé de manière à défendre un angle; enfin le mur dépasse le huitième contre-fort, se termine sans nouvelle anfractuosité, et toujours en resserrant la largeur de l'église.

Au sud, c'est une ligne droite; mais à partir de la porte la largeur de l'église a augmenté. Neuf contreforts, y compris ceux des angles, la soutiennent.

Les contre-forts des deux faces nord et sud reçoivent les retombées des arts rampants qui, franchissant l'espace au-dessus des voûtes des bas côtés, vont contrebuter la poussée de la voûte principale; les piliers entre lesquels s'ouvrent les chapelles dépassent aussi le sommet de la toiture et aident à soutenir le poids de ces arcs rampants.

Des fenêtres, la plupart de style flamboyant, s'ouvrent entre les contre-forts sur chaque face latérale : nous les examinerons en détail, en nous occupant des chapelles qu'elles éclairent. Les deux portes du quinzième et du seizième siècle, qui s'ouvrent aux extrémités du transsept, sont surmontées, celle du nord d'une rose à meneaux flamboyants, celle du sud d'une fenêtre dans le même style et à cinq compartiments. L'étude de l'ornementation nous ramènera aussi devant ces brillantes parties.

Intérieur. — Il nous sera facile d'étudier ici les diverses transformations de l'église. Il est d'abord évident que la voûte de la nef tout entière fut construite à la fin du quinzième siècle ou au seizième; les nervures ogivales, les riches profils des piliers, sont caractéristiques de cette époque. Son élévation mesurée aux clefs est de 23 mètres environ; sa largeur n'est que de 6 mètres 50 centimètres environ, largeur trop faible comparativement à cette grande hauteur, et qui donne au vaisseau un aspect désagréable à l'œil.

Après avoir passé le transsept, en avançant dans le chœur, la forme des piliers change; ici et dans les bas côtés environnants, leurs profils présentent des arcs de cercles groupés et d'un assez fort diamètre; nous croyons pouvoir leur assigner la fin du douzième siècle ou le treizième. C'est à cette époque que l'on donna aux absides ces grandes dimensions que nous trouvons dans celle de Saint-Michel. Ces piliers remontent peut-être à l'union au monastère Sainte-Croix, prononcée en 1164 par l'archevêque Bertrand Ier; mais ici, comme dans la nef, les voûtes présentent l'époque du seizième siècle. Les profils seuls des voûtes des bas côtés sembleraient annoncer qu'elles sont antérieures. Diverses inscriptions, gravées sur leurs arêtes, fixent sur le moment précis de leur construction, et donnent en même temps les noms de divers bienfaiteurs de l'église.

Cette disparité dans les profils des piliers à l'est ou à l'ouest du transsept, disparité qui ressort du premier examen, est le fait dominant de l'édifice. Le style des profils l'indique, et on a même vu pendant longtemps des boutisses attenant à l'arc de la chapelle de la Trinité, au fond du chœur, qui semblaient attendre un prolongement de voûte à cette hauteur. Ainsi, ou il y a eu interruption dans la construction de cette église, qui pendant longtemps ne présenta que l'abside actuelle, avec une voûte qui a fait place à celle qui existe aujourd'hui; ou l'église ancienne a disparu, n'a laissé que les piliers du chœur, et a vu s'élever sur cette base une nouvelle basilique. Les portails qui terminaient chaque extrémité du transsept ont pu être de même remplacés par ceux que l'on admire aujourd'hui; nous verrons, en étudiant le style des chapelles latérales, que, dans son plan primitif, cette abside s'étendait en largeur à peu près autant qu'aujourd'hui.

Le chœur est séparé des bas côtés par quatre piliers entre lesquels s'ouvrent trois portes légèrement ogivales, hautes et larges de 6 mètres (celle du milieu n'a cependant que 5 mètres 20 centimètres). Au-dessus règne un triforium formé d'arcs cintrés avec trèfles, et dans lequel on ne peut pénétrer; ce triforium se continue sur le côté du transsept attenant au chœur; mais là les arcs deviennent légèrement ogivaux. Malgré ce caractère, cette décoration, de même que les belles et vastes fenêtres percées au-dessus dans les pénétrations de la voûte, nous paraissent bien postérieures au style des piliers du chœur; comme la voûte, ces parties appartiennent au seizième siècle.

La nef est percée de quatre portes ouvrant dans les collatéraux et formées par quatre piliers : la première porte, à partir du transsept, a 4 mètres 10 centimètres d'ouverture; la deuxième, 7 mètres 75 centimètres; la troisième, 6 mètres 30 centimètres; la quatrième, 7 mètres. Cette dernière est en grande partie occupée par la saillie de la tribune qui supporte les orgues.

Au-dessus de ces vastes ouvertures, dans les pénétrations de la voûte, sont établies des fenêtres de style flamboyant.

La tête de ce monument n'est pas moins remarquable que les parties que nous venons d'examiner. Ici aucun défaut de proportion : au contraire, l'élégance, l'harmonie, frapperaient l'œil le moins exercé; mais des autels d'une époque plus moderne dérobent à la vue ces charmants morceaux qui nous paraissent offrir les caractères du beau style du quatorzième siècle.

L'abside centrale présente trois fenêtres à lancette, avec un meneau vertical; une sur chaque face. La fenêtre centrale n'a que l'œil ouvert. La partie supérieure de ces fenêtres s'insère dans les pénétrations d'une voûte ogivale et à nervures saillantes. Cette abside est donc beaucoup moins élevée que la voûte du chœur; elle forme en effet extérieurement une saillie, au-dessus de laquelle se dresse un mur vertical dans lequel s'ouvre une belle fenêtre flamboyante du seizième siècle.

Les deux autres absides n'ont chacune que deux fenêtres; une, au fond, ouverte; une seconde, du côté opposé à l'abside centrale, dont l'œil seul donne de la clarté.

Une voûte a été établie derrière le maître-autel et forme une petite pièce basse, dont le sol est à peu près à la même hauteur que celui de l'église. Cette voûte, assez élégante et à trois tympans, nous a paru appartenir au quatorzième siècle.

Cette pièce servait autrefois de sacristie. L'exiguïté de ce lieu détermina l'archevêque de Bourlemont à permettre en 1683 la construction, aux frais des bénéficiers, d'une nouvelle sacristie.

Sur cette voûte était placé l'autel de la Trinité, adopté par la confrérie de ce nom. La confrérie du Saint-Sacrement, avant d'être réunie à celle de la Trinité, se réunissait dans la chapelle voisine de Notre-Dame. Leur fusion donna lieu à l'établissement d'un escalier caché, pour communiquer d'un sanctuaire dans l'autre.

A droite de cette pièce, un étroit escalier conduit dans une crypte établie sous le maître-autel. Le plan de ce souterrain est un polygone irrégulier à sept côtés, et d'un diamètre moyen de 6 mètres 50 centimètres. La voûte est ogivale; des nervures saillantes la divisent en autant de compartiments qu'il y a de côtés. Ces nervures, s'élançant de terre sans chapiteaux, vont retomber sur un pilier placé au milieu. Un travail se manifesta sans doute dans cette voûte; on craignit que le pilier primitif n'eût pas assez de force pour soutenir l'effort; on lui substitua un énorme pilier carré supportant deux forts arceaux. Une porte, aujourd'hui murée, communiquait probablement à une seconde crypte. Il serait à désirer que la fabrique se décidât à faire ouvrir cette porte : ce travail, aussi facile que peu coûteux, pourrait donner lieu à quelque découverte importante.

L'extrémité du bas côté nord a reçu la chapelle dédiée à la Vierge, celle du sud la chapelle Saint-Jean.

Quelques noms, liés à la construction de cette église, ne doivent pas être passés sous silence. Quoique la tradition soit la seule autorité qui nous les ait transmis, et que nous sachions combien on doit se tenir en garde contre la véracité des faits qu'elle propage, nous n'avons pas cru devoir la dédaigner, surtout lorsque seule elle s'est chargée de nous conserver le souvenir de bienfaiteurs, de restaurateurs d'un des plus riches monuments de Bordeaux.

Vital de la Combelie fit détruire, dit-on, la première voûte du chœur qu'il fit remplacer par une plus élevée.

Au quinzième siècle, l'achèvement de l'église laissée incomplète fut repris. En 1464, Pierre de Mons, seigneur de Mons et de Vimeney, fit des dons importants, et institua une messe matutinale. La porte nord de la rue *Pich à Dey* (Puits à Dieu), construite de 1466 à 1472, est attribuée à un membre de cette famille. Il y fit sculpter le collier de l'ordre de Saint-Michel, fondé en 1469 par Louis XI, après la conquête de la Franche-Comté. On sait que ce souverain considéra cette victoire comme due à la protection de saint Michel, et peut-être comme un résultat de la grande dévotion qu'il lui avait montrée à Bordeaux. En 1791, la fleur de lys qui faisait partie de cette sculpture fut enlevée; on ne laissa que la représentation d'une coquille que l'on cherche aujourd'hui vainement. D'après la tradition, Charles VIII et Anne de Bretagne, lors de leur passage à Bordeaux, en 1494, auraient aussi accordé des secours importants pour l'achèvement de cette basilique, dont les bases grandioses firent leur admiration, mais que le manque de fonds faisait laisser inachevée. Ils auraient notamment fait édifier le transsept et la porte sud; ce serait en souvenir de ces bienfaits que les armes de France et de Navarre avaient été gravées sur le portail. Stimulés par l'exemple du souverain, les riches paroissiens de Saint-Michel auraient versé des sommes considérables, et la construction n'aurait pas tardé à être remise en activité [1].

Peu d'années après, un riche armateur, de Bellem, contribua à l'achèvement du monument. L'abbé Baurein a recueilli à ce sujet une tradition : c'était alors le moment où la découverte des côtes occidentales de l'Afrique et celles des Indes engageait beaucoup de personnes dans le commerce. Jean de Bellem se serait livré à ses hasards et y aurait placé la plus grande partie de sa

---

[1] Baurein mentionne l'existence dans les archives d'un extrait de rôle fait, le 28 janvier 1696, par M. de Bezon, intendant de la province, contre ceux qui n'avaient pas encore payé leur quote-part pour le rétablissement des voûtes de l'église Saint-Michel, quoiqu'ils fussent propriétaires de certaines maisons situées dans la paroisse. Le mot *rétablissement* doit peut-être se prendre dans le sens de *restauration*.

fortune. Le navire, qui devait revenir porteur des fruits de l'échange, éprouva un long retard; l'armateur en avait désespéré, lorsqu'un retour inattendu le rendit possesseur d'une immense fortune. Ce serait pour en témoigner sa reconnaissance au ciel qu'il fit des dons considérables qui permirent de hâter l'achèvement de l'église Saint-Michel.

Les inscriptions des voûtes dans les bas côtés de la nef ne laissent aucun doute à ce sujet; elles attestent que les héritiers de Jean de Bellem exécutèrent fidèlement la pieuse volonté de ce bienfaiteur de l'église.

La famille de Mons concourut aussi à l'achèvement de cette église; la représentation de ses armes, qui exista jusqu'en 1791 sur les clefs de la voûte principale, nous en paraît un indice certain. Aussi en 1600, le cardinal de Sourdis disait-il à Guillaume de Mons, qui venait d'augmenter les fondations dues à la piété de ses aïeux, qu'il les considère : *Non solùm bonorum ecclesiæ sancti Michaelis conservatores, sed etiam multiplicatores et auctores;* il déclare en terminant que tous les descendants de cette famille seront paroissiens nés de Saint-Michel, quelque loin qu'ils habitent. Enfin, il est peu d'époque à laquelle on ne trouve un membre de cette famille au rang des bienfaiteurs de l'église. Voici en quels termes le sieur Gros, président de l'assemblée de paroisse, proposait, en 1790, la nomination de M. de Mons, marquis de Dunes, aux fonctions de syndic que M. de Mons, conseiller au parlement, avait laissées vacantes en 1789 :

« Si nous ne pouvons affirmer que MM. de Mons

sont les fondateurs de ce grand et magnifique édifice, du moins nous sommes très-autorisés à croire qu'ils y ont contribué pour une très-grande portion ; nous pouvons présumer que, sans eux, ce temple, qui fait l'admiration de nos concitoyens et des étrangers qui viennent le visiter, eût été beaucoup moins étendu, et que ce ne serait plus une décoration pour cette grande cité. »

Chapelles latérales. — Ces chapelles nous rappelleront encore les noms de familles célèbres à Bordeaux. Sous ce rapport seul, elles méritent une attention particulière ; leurs voûtes appartiennent à diverses époques que nous devons chercher à préciser ; chacune d'elles était presque toujours le siége d'une confrérie ou d'un corps d'état ; les invocations sous lesquelles elles étaient placées ont varié lors de la réouverture des églises en 1804, et pour ne rien omettre nous devons rechercher ces noms anciens.

L'autel de la chapelle au fond du bas côté nord, placée aujourd'hui sous le vocable de Notre-Dame des Anges, était autrefois l'autel du Saint-Sacrement. Derrière cet autel se voyait autrefois une petite sacristie.

Chapelle du Saint-Sépulcre. — L'arcade romane, dans laquelle s'ouvre cette chapelle, semble être du treizième siècle ; mais la voûte, les piliers dans les angles, du côté nord, la large fenêtre démunie sans doute postérieurement de ses meneaux, sont du quatorzième siècle ou peut-être du quinzième. Sur le mur *est*, on remarque les traces d'un ancien contre-fort qui existait antérieurement à la chapelle.

D'après d'anciennes traditions, ce sanctuaire devrait son origine aux comtes d'Ambrus, et une restauration serait l'œuvre de la famille Carbonnieux.

Cette chapelle était désignée autrefois sous le nom de chapelle du Calvaire.

Chapelle de Notre-Dame de Bonne-Nouvelle. — Par son style, le bâtiment qui a reçu cette chapelle appartient à la fin du quinzième siècle; les piliers, romans dans la partie qui regarde l'église, présentent, du côté de la chapelle, une multitude de petites arêtes; ils s'élancent du sol jusqu'à la voûte sans chapiteaux. Une fenêtre flamboyante éclaire la chapelle. Sa voûte présente cinq clefs; de celle du centre partent huit nervures. Indépendamment de l'arête qui passe par les autres clefs, deux nervures nouvelles en descendent dans les angles de la chapelle.

La famille de Mons passait pour être la bienfaitrice de cette chapelle, si elle n'en était la fondatrice.

Chapelle du Saint-Esprit. — Son style nous paraît être celui du quatorzième siècle; les piliers du bas côté ont été remaniés comme les précédents dans la partie qui regarde l'intérieur de la chapelle. Une guirlande leur sert de corniche. Une fenêtre rayonnante éclaire ce sanctuaire.

D'après la tradition, la famille de Brivazac fonda cette chapelle.

Ancienne chapelle Sainte-Blanche. — Nous pensons que cette chapelle, dont il ne subsiste plus aucune trace, était adossée à la porte, qui n'offrait sans doute de passage que sur les côtés. La famille Albinet en fut bienfaitrice et y posséda une tombe.

Chapelle Saint-Joseph. — En examinant la fenêtre du fond du sanctuaire et la voûte chargée de clefs, de nervures, nous croyons pouvoir lui assigner la date de la fin du seizième siècle. Inutile de rappeler que nous parlons du corps de la construction, et non de son ornementation.

La confrérie des charpentiers qui, comme on le sait, adopte généralement pour patron saint Joseph, se réunissait dans ce sanctuaire, et l'aura sans doute fait placer sous le vocable qu'il porte encore aujourd'hui.

Chapelle du Sacré-Cœur. — Cette chapelle est de la même époque que la partie attenante des bas côtés; sa voûte, ses fenêtres, tout dénote le quinzième siècle.

C'était là que les bénéficiers se réunissaient autrefois pour célébrer leurs offices, et que la fabrique tenait ses assemblées ordinaires : elle était alors placée sous le vocable de saint Marc.

Le nom d'un conseiller au parlement, de Montaigne Cussaguet, est lié à ce sanctuaire.

Ancienne chapelle Saint-Clou. — Cette petite chapelle, qui forme aujourd'hui une sacristie, renfermait autrefois les archives de la fabrique.

Chapelle Sainte-Elisabeth et fonts baptismaux. — Les caractères architectoniques de leurs voûtes, de leurs fenêtres, doivent faire rapporter l'époque de leur construction au seizième siècle : c'est l'époque de la construction de la nef principale.

La chapelle Sainte-Elisabeth était autrefois placée

sous l'invocation de sainte Susanne; les fonts baptismaux furent autrefois la chapelle de Saint-Louis.

Passons au côté sud et remontons à l'est.

La chapelle Saint-Jean, au fond de ce bas côté, n'a jamais eu d'autre invocation.

Chapelle Sainte-Anne. — Cette chapelle a deux travées. Les piliers romans, formés de fortes colonnes engagées, dénotent déjà le commencement du treizième siècle; mais la voûte est postérieure. Le mur de droite est décoré d'une arcature formée d'arcs plein cintre avec trèfles en dedans, œuvre du seizième siècle, comme le triforium du chœur.

Le mur ouest est décoré d'une semblable galerie figurée, formée par trois arcs.

Cette chapelle était autrefois dédiée à saint François.

Un autel dédié à sainte Marguerite fut placé à la suite de celui de Saint-François, et plus tard, peut-être à l'époque du séjour à Bordeaux d'Anne de Bretagne, il céda la place à l'autel de Sainte-Anne, transporté depuis dans la place où nous venons de le voir.

Deux fenêtres éclairent ce sanctuaire, une sous chaque travée, et placées irrégulièrement; elles sont ogivales, assez élancées, dépourvues de meneaux.

Chapelle Saint-Jacques. — Cette chapelle est postérieure à la précédente; par sa voûte, par ses fenêtres, elle appartient au quatorzième siècle; les piliers, dans la partie qui regarde l'intérieur de la chapelle, cessent d'être romans pour présenter de nombreuses nervures prismatiques.

L'autel Saint-Jacques était autrefois dédié à sainte Apollonie.

Chapelle Sainte-Apollonie. — Voûte et nervures du quatorzième siècle. Ainsi c'est encore une chapelle reconstruite plus tard en grande partie.

Ce sanctuaire était autrefois consacré à Notre-Dame de Verdelais.

Chapelle Saint-Louis de Gonzague et Saint-Stanislas de Koska. — Les nervures qui partent des piliers des bas côtés vont se réunir au centre de la voûte, et forment, en descendant dans les angles et contre le milieu du mur méridional, deux pénétrations dans lesquelles s'ouvrent des fenêtres divisées par un seul meneau.

La voûte nous paraît appartenir au quinzième siècle.

L'invocation actuelle de cette chapelle a remplacé celle de Notre-Dame de Montuzets qu'elle portait avant 1830. Plus anciennement il existait dans ce sanctuaire deux autels, l'un en l'honneur de saint Fort et de sainte Catherine, l'autre en l'honneur de saint Vincent. Près de ce dernier autel se trouvait la tombe du conseiller au parlement, Despagnet.

Chapelle dédiée aux saints anges; magasin de chaises. — Ces sanctuaires présentent tous les caractères du seizième siècle.

La chapelle dédiée aux saints anges était autrefois placée sous le vocable de saint Roch. Le magasin des chaises avait reçu celui de Notre-Dame de Montuzets jusqu'au moment où cette confrérie adopta la chapelle qui porte aujourd'hui les noms de Saint-Louis et Saint-Stanislas.

La fabrique possède plusieurs registres de délibérations antérieurs à la révolution; nous y avons puisé quelques indications.

En 1727, une grande partie de la voûte du chœur fut reconstruite.

En 1694, le chœur de l'église avait été fermé par un mur de clôture dont la démolition fut décidée, le 4 juillet 1753, par la fabrique. Le sieur Tenet, grand ouvrier, qui, d'après la délibération, venait de faire construire à la satisfaction générale la chaire, fut chargé de faire placer une grille à la place de ce mur. Mais au moment de la pose les bénéficiers s'y opposèrent; ils firent signifier une ordonnance du lieutenant général en Guyenne, portant inhibition d'effectuer ce travail; la difficulté fut levée par l'assemblée générale de paroisse, tenue le 12 août 1753, et des rideaux de moquette descendant jusqu'aux stalles remplacèrent le mur; alors les bénéficiers quittèrent la chapelle Saint-Marc et vinrent célébrer leurs offices dans le chœur.

Plusieurs grilles en fer des chapelles furent exécutées aux frais des familles qui avaient des droits sur ces enceintes; ainsi la famille de Mons pourvut aux frais de la grille de la chapelle de Notre-Dame de Bonne Nouvelle, la famille de Brivasac aux frais de la grille dans la chapelle du Saint-Esprit. Après quelque opposition, les Montuzets consentirent aussi à faire remplacer la barrière en bois qui existait au-devant de leur chapelle par une grille en fer.

Des documents déposés dans les archives de la fabrique font connaître les dispositions autrefois adoptées pour le placement des bancs, les noms des familles propriétaires de tombes dans cette église.

De chaque côté de la chaire étaient des tribunes : à droite celle des consuls, presque aussi élevée que la chaire; à gauche celle de la ville. Le pilier vis-à-vis la chaire était uni aux deux voisins par un double rang de bancs; aux premières places se plaçaient le parlement, la cour des aides, les prêtres; aux secondes les grands ouvriers et les membres de la réunion dite *des pauvres âmes*.

Tout le reste de l'espace compris entre ces deux travées, entre les deux travées attenantes dans le bas côté sud, était couvert par des bancs particuliers, au nombre de deux cent trente-quatre.

Jusqu'à présent nous n'avons parlé que de l'œuvre d'édification; mais celle-ci n'état pas encore achevée que déjà l'œuvre de profanation était commencée : l'église gothique disparaît aujourd'hui au milieu de constructions privées qui sont venues lui demander un appui; on ne peut saisir l'effet de sa masse que depuis la rive opposée de la Garonne, et encore la base en reste-t-elle toujours masquée aux regards La fabrique Saint-Michel est aujourd'hui en instance auprès de l'administration municipale pour obtenir qu'elle consacre les fonds nécessaires à l'isolement de cete église, et qu'elle rende à cette œuvre imposante l'aspct grandiose qu'elle posséda jadis. La commission des monuments historiques du département a vivement apuyé les demandes du conseil de fabrique [1], et tous les amis des arts font des vœux pour l'exécution d'un travail si intéressant au point de vue de l'art, si utile au point de vue matériel de la conservation de l'église. Après les travaux d'entretien immédiat, c'est là, suivant nous, l'opération la plus urgente que réclame ce beau monument. Combien ne serait-elle pas plus utile que certains travaux de restauration, qui souvent déshonorent d'autant mieux un monument qu'ils sont exécutés avec plus de perfection? Mais le système des restaurations est trop vivement battu en brèche par une des sociétés les plus avancées en archéologie, par le comité des arts et monuments, pour que nous ayons ici à lui livrer la guerre.

L'autorité locale est donc aujourd'hui trop bien éclairée pour consacrer des fonds à l'exécution de travaux non-seulement inutiles, mais même fâcheux sous le rapport artistique; elle n'hésitera pas à donner la préférence aux travaux d'isolement, qui doivent bien mieux rendre aux monuments du moyen âge l'éclat dont les ont dépouillés des siècles qui, malgré leurs lumières, mériteraient le nom de barbares, si l'on ne s'arrêtait pour les juger qu'à l'injuste dédain qu'ils montrèrent envers les chefs-d'œuvre de l'architecture religieuse.

[1] Procès-verbaux des délibérations du conseil général du département de la Gironde. - Session de 1843, p. 414. — Bordeaux, impr. de Lavigne.

2° *Ornementation sculptée.*

Dans la revue à laquelle nous venons de procéder, nous avons omis à dessein de mentionner tout ce qui tient à l'ornementation ; nous allons visiter une deuxième fois l'église Saint-Michel, en notant tous les détails de sculpture ; les verrières nous occuperont dans le chapitre suivant.

Porte occidentale. — Elle s'ouvre sous trois arcs en retraite, dont le plus petit est décoré de huit statuettes d'anges : quelques-uns portent des instruments de musique ; le second arc est orné de dix personnages, des vierges ou des saintes femmes, portant divers attributs mutilés ; le troisième, de douze vieillards, les apôtres sans doute, tenant des livres ou des rouleaux.

Sous les dais qui terminent ces arcs, des statues, trois de chaque côté, reposaient sur des pieds-droits : aujourd'hui les statues ont disparu ; les places sont vides. Il en est de même de deux élégantes niches encastrées dans les parois latérales des contre-forts.

Entre ces arcs, un tympan représente deux scènes sculptées ; à gauche, on voit la naissance de l'enfant Jésus et l'adoration des bergers ; les anges qui les ont conduits dominent le tableau : à droite, l'adoration des mages ; l'étoile qui les a guidés occupe de même le sommet de ce dernier bas-relief.

Ces sculptures sont évidemment postérieures au portail. Si la finesse des détails n'avait déjà révélé la renaissance, ces colonnes surmontées de corniches corinthiennes et de l'entablement complet seraient à elles seules des indices bien suffisants.

Porte du nord. — La porte nord s'ouvre sous deux arcs ogivaux en retraite, décorés le plus petit de huit anges, le second de dix. Les trois premiers tiennent de chaque côté des instruments de musique; les plus élevés portent, l'un la face du Christ, l'autre un vase; ceux du second rang ont la plupart pour attribut les instruments de la Passion : la colonne, la lance, la croix, le marteau, l'éponge, la couronne d'épines.

Les pieds-droits de cette porte sont décorés de quatre statues presque de grandeur naturelle, et dans lesquelles quelques personnes croient reconnaître les quatre grands prophètes : Isaïe, Jérémie, Daniel, Ezéchiel; mais des débris de harpe, que l'un d'eux tient à la main, révèlent immédiatement David.

Le tympan est divisé verticalement en deux parties. Celle de droite représente Isaac préparant son bûcher. Le bélier est placé sur une table, et Isaac transporte le bois qui doit former le bûcher. Au-dessus, dans un lointain, un berger garde ses troupeaux. Le Père éternel domine cette scène, et un ange tenant une banderole apparaît dans la partie supérieure du tableau.

A gauche est représenté le sacrifice d'Abraham; l'ordonnance du dessin offre la plus grande ressemblance avec celle du tableau précédent; l'ange du Seigneur arrête le glaive qui va frapper Isaac agenouillé sur le bûcher. Pantaléon, diacre de l'Église de Constantinople, dit que ce fut l'archange saint Michel qui retint le bras d'Abraham.

La sculpture de ce tympan est bien postérieure à la porte et aux autres parties de sa décoration; car elle ne date que de la fin du dix-huitième siècle.

La nervure extrême des arcs du portail se relève en doucine au-devant d'une galerie figurée décorée de trois niches; celle du milieu forme la partie supérieure de cet arc et donne place à deux personnages : le Père éternel en pape tenant une sphère armillaire, et son Fils; l'Esprit saint, sous la forme d'un oiseau, déploie ses ailes entre eux : la niche de droite renferme la statue de saint Jean l'évangéliste, celle de gauche celle de la Vierge.

Au-dessus s'ouvre une rose flamboyante, encadrée dans plusieurs arcs en retraite dont la saillie semble l'abriter. De chaque côté est une statue placée dans une niche, et cette façade se termine par un pignon qui présente au sommet une niche vide. Autrefois, dit-on, cette porte avait reçu la sculpture des armes de la famille de Mons, et le collier de l'ordre de Saint-Michel; mais ces attributs, s'ils ont existé en ce lieu, ont disparu. Nous n'y avons trouvé que l'écu de France, placé sur le pignon au-dessus de la niche vide.

Cette porte offre la plus grande ressemblance de style avec celle de l'ouest : c'est la même disposition des lignes principales. Si ces parties n'ont pas été construites en même temps, un très-court intervalle les sépare.

L'intérieur de cette porte ne mérite pas moins de fixer l'attention que le décor extérieur. Sous un arc en doucine s'évident des arcs en retraite à riche profil, qui encadrent un tympan sur lequel deux scènes sculptées sont séparées par un dais sous lequel il n'y a plus de statue. A gauche, Adam et Eve, et entre eux l'arbre du paradis perdu entouré du serpent. De l'autre côté, les mêmes personnages, honteux de leur nudité et chassés par un ange armé d'un glaive.

Le sommet de l'arc supérieur du portail est coupé par un cordon horizontal; il s'élève au-dessus de ce cordon et renferme une niche dans laquelle est l'*Ecce homo*. De semblables niches sont placées à droite et à gauche dans des arcs en doucine, qui dépassent encore le cordon horizontal; à droite c'est la Vierge, à gauche saint Jean l'évangéliste.

Une galerie surmonte cette partie, puis la rose flamboyante que nous avons déjà notée.

Porte du midi. — A l'extérieur, cette porte s'ouvre sous deux arcs ogivaux; le plus resserré est orné de six statuettes, le second de dix; une place à chaque extrémité de ces arcs est vide.

Au premier rang, les personnages sont vêtus presque tous de manteaux; un d'eux porte la dalmatique : mais les ailes dénotent clairement des anges. Au second rang, les uns ont à la main un livre, d'autres une feuille déroulée, d'autres enfin un bâton de voyage.

Deux guirlandes de feuilles d'une délicatesse extrême encadrent ces arcatures.

La sculpture du tympan ne date que de la fin du dix-huitième siècle : MM. Montmirel aîné et de Lamothe, grands ouvriers, la firent exécuter en 1791. Elle représente une des apparitions de saint Michel les plus célèbres dans les récits légendaires, etc. Au cinquième siècle, Gargon, homme très-riche et qui possédait de nombreux troupeaux, perd un de ses taureaux, que l'on trouve après bien des recherches dans une caverne. On essaie de se rendre maître de cet animal en lui décochant une flèche; mais, au lieu de pénétrer, elle rejaillit vers ceux qui l'ont lancée. On a recours à l'évêque de Siponto, pour expliquer un fait aussi prodigieux. C'est alors que saint Michel lui apparaît, lui explique que cette caverne est sous sa protection, et ordonne qu'elle soit consacrée en l'honneur de tous les saints.

L'entrée de la caverne est figurée; le taureau montre sa tête. L'évêque, debout et mitré, occupe la gauche du tympan. Au-dessus et à droite, saint Michel, en costume guerrier, montrant du doigt l'animal.

Une galerie admirablement travaillée et deux contre-forts sculptés avec une délicatesse infinie encadrent cette porte.

Une large fenêtre à cinq compartiments, appuyée sur un cordon, achève la décoration.

A l'intérieur, au-dessus de la porte et sous la fenêtre, se déploie une galerie figurée, formée d'une série de longues colonnettes unies, vers leur partie supérieure, par un cordon horizontal, au-dessus duquel se relèvent des arcs en doucine, renfermant des trèfles.

Cette porte offrait autrefois à l'extrémité d'un des arcs, qui servent d'encadrement au tympan, deux pierres sur lesquelles avaient été sculptées les armes de France et de Navarre, sans doute pour perpétuer la générosité des souverains, aux bienfaits desquels la tradition, avons-nous dit, attribue l'érection du transsept ; mais ces armoiries ne purent trouver grâce devant le fanatisme de 1791.

Une galerie, portée par de nombreux cordons, couronne cette décoration, puis la fenêtre déjà mentionnée.

Détails intérieurs. — L'ornementation des chapiteaux, consoles, etc., ne présente généralement que des feuillages presque toujours fort délicatement sculptés, mais qui n'offrent pas un caractère particulier. Le chapiteau d'un pilier du chœur, qui borde le transsept, a pour sujet des femmes, des enfants jouant, fantaisies qu'aimait à figurer l'imagination riante des artistes de la renaissance.

Un premier pilier de la nef centrale, du côté méridional, porte une plaque de marbre rappelant la fondation, faite par un anonyme, d'une rente annuelle de 300 fr. pour marier deux filles pauvres. D'après la délibération tenue le 20 septembre 1775, la permission de poser cette plaque ne fut accordée que moyennant le versement d'une somme de 150 fr. au profit de l'église [1].

Crypte. — Dans la crypte placée sous le grand autel, sur la gauche, se trouve un tombeau : c'est une pierre parallélipipédique, portant une inscription gravée en creux sur une plaque de cuivre. Les caractères très-purs appartiennent au quinzième siècle :

IQY EST REBIMDU GAILLARD MICHOLT ESQUIER
DIEUX DE SA ARME EIT MERCIE AMEN AMEN.

[1] Voir la note A.

Un écusson est aux quatre angles; chacun d'eux porte un lion orné et lampassé, posé en pal, et chargé d'une bande.

Maître-autel. — Le maître-autel possédait autrefois deux reliquaires; ils étaient très-décemment ornés (dit un procès-verbal de visite de l'église, dressé en 1683 par l'archevêque de Bordeaux). Mais déjà on ne savait plus alors à quel saint attribuer les restes renfermés dans le grand reliquaire; le plus petit aurait contenu des reliques de saint Jean Baptiste, de saint Matthieu, et de saint Barnabé.

L'église possédait aussi, d'après le même document, une dent de sainte Apollonie.

Chapelle St-Jean. — Derrière le retable de cette chapelle, on a mis dernièrement, à découvert, un bas-relief fort intéressant que l'on croit en albâtre, qui appartient, par son style, au quinzième siècle, et qui depuis bien des siècles gisait là ignoré, masqué qu'il était par une boiserie sans valeur. C'est un rectangle long de 3 mètres 30 centimètres, haut de 1 mètre 10 centimètres, et divisé en neuf tableaux, qui représentent diverses scènes de la vie du Christ et de celle de sa mère. Chacun de ces tableaux est dans un encadrement séparé du compartiment voisin par un petit pilier. Deux statuettes, l'une au-dessus de l'autre, décoraient autrefois ces parties; on voit, en effet, les arêtes s'aplatir à deux intervalles, au-dessus de socles saillants. Ces compartiments reposent sur une base formée d'arcs ogivaux qui s'entrelacent; un dais à jour les couronne; le quatrième, cependant, a perdu cet ornement, et le compartiment du centre est plus élevé que les autres, aux dépens de son dais. Sur un soubassement orné de quelques sculptures étaient des inscriptions indiquant le sujet des scènes représentées au-dessus : on ne retrouve plus que cinq de ces inscriptions.

1° Saint Jean le Précurseur. — Il porte sur le bras gauche une tablette sur laquelle est l'agneau divin couché. Saint Jean est tellement amaigri qu'il ressemble à un squelette. Sa nourriture, dit saint Marc, consistait dans des sauterelles et du miel sauvage.

2° Annonciation. — La Vierge debout, couronnée, vêtue d'une longue robe qui cache ses pieds, les mains relevées, écoute l'ange du Seigneur, qui lui adresse sans doute les paroles de la Salutation angélique; l'ange a un pied sur un arbuste, et tient des deux mains une bande. L'enfant Jésus, enveloppé d'une auréole à bords solides, la tête en bas, les pieds dans la bouche du Père éternel, descend vers sa mère à laquelle il révèle déjà sa destinée sur la terre, en lui montrant une croix qu'il porte de la main gauche.

De chaque côté de la Vierge sont deux enfants que leurs doubles ailes dénotent pour être des séraphins; ils portent un encensoir à la main. Leurs vêtements sont collants et semblent recouverts d'un tissu formé de mailles elliptiques.

Au bas de ce tableau on lit, en caractères gothiques, *Salutatio Mariæ*.

3° Naissance de l'enfant Jésus. — Il est debout, nu, dans une auréole, tenant une croix de la main gauche, bénissant de la droite, les pieds placés sur la boule du monde; devant lui, en adoration, à genoux, les mains jointes, la Vierge, toujours couronnée; derrière elle, saint Joseph debout, une main appuyée sur un bâton; enfin, deux autres personnages encore derrière, tous deux les mains jointes, l'un assis, l'autre debout.

Au-dessus de l'enfant Jésus on voit le bœuf et l'âne de l'étable, et, dominant ces animaux, deux anges à mi-corps seulement, tenant l'un une sorte de cithare, l'autre une guitare.

A leur droite est un ange tenant une banderole.

4° Adoration des mages. — La Vierge, toujours dans le même costume, est assise, tenant l'enfant Jésus sur ses genoux. Saint Joseph, de même assis, occupe un étage inférieur. Au-devant de la Vierge, un mage à genoux, sa couronne posée à terre à ses côtés, présentant d'une main un objet arrondi, de l'autre un vase de la forme d'un ciboire. Deux autres mages sont sur le second plan; ils ont la couronne sur la tête, et tiennent les vases qui renferment leurs présents; derrière eux deux autres personnages, dont un figure un abbé, une crosse à la main.

Au-dessus de l'enfant Jésus est un ange tenant une banderole; à gauche la tête du Père éternel.

5° Résurrection. — Nous sommes au milieu du bas-relief. Ce compartiment, avons-nous dit, n'a qu'un dais fort exigu et beaucoup plus élevé que les autres. Le Christ s'élève vers les cieux, tenant la croix de la main gauche, bénissant de la main droite. Son pied gauche est encore dans le sépulcre; le pied droit semble frapper un garde endormi. Un autre garde, du côté opposé, est dans la même position, assis et paraissant se livrer au sommeil; deux autres, placés derrière ceux-ci, sont dans l'étonnement : l'un d'eux a les mains croisées sur la poitrine.

De chaque côté, deux anges adorateurs ont élevé leurs encensoirs qui vont se toucher, et dont les chaînes semblent former un encadrement autour du Christ.

6° Apparition de Jésus. — Le Christ est au milieu de ses disciples, au nombre de onze : c'est le moment où il leur dit : « Allez par toute la terre, et enseignez l'Évangile à toute créature. » Le douzième personnage nous a paru être la Vierge.

Les disciples sont sur trois rangs, à diverses hauteurs. De chaque côté, un ange élève l'encensoir; mais la sculpture a été cassée.

7° Assomption de la Vierge. — Elle est debout, dans une auréole portée par quatre séraphins dans le costume que nous avons indiqué. A sa gauche et à ses pieds un personnage debout. A droite de la Vierge, le Père éternel assis, et près de lui la banderole symbolique; à sa gauche, le Christ, avec la croix d'un côté, une banderole de l'autre.

8° Adoration de la Vierge. — La Vierge est assise, les mains relevées de chaque côté de la poitrine. Le Père et le Fils placent sur sa tête une couronne à trois rangs, surmontée d'une croix, et l'Esprit saint, sous la forme d'une colombe, la soutient par le bec, pour que son poids ne soit pas trop lourd. Le Père est à sa droite, portant du côté opposé la boule du monde surmontée d'une croix; le Christ tient l'instrument de son supplice; des banderoles déployées flottent toujours de chaque côté de la tête de la Vierge.

Au-dessus du Père et du Fils, deux anges tiennent des encensoirs levés et dont les chaînes forment un arc.

Dans le bas, de chaque côté de la Vierge, sont deux anges, des instruments à la main, semblables à ceux mentionnés dans le tableau de la naissance du Christ.

9° Ce dernier compartiment est vide; la sculpture, qui représentait saint Jean l'évangéliste, en a été enlevée.

Chapelle du Saint Sépulcre. — Cette chapelle tire son nom de la sculpture que nous allons décrire et qui représente, suivant l'expression du *Guide de la peinture,* la lamentation sur le tombeau. Les personnages ne sont pas tout à fait de grandeur naturelle. Le Christ est étendu : du côté de la tête est Joseph d'Arimathie; de l'autre, Nicomède. Derrière le Christ, la Vierge agenouillée, les bras croisés sur la poitrine. Derrière la Vierge, de droite et de gauche, les saintes femmes, au nombre de cinq; trois portent les vases renfermant les saintes huiles, une quatrième tient une couronne. Dans les broderies des vêtements de plusieurs personnages on lit les mots : *Ave Maria.*

Derrière cette scène, au milieu, est une croix vide, dont l'extrémité supérieure semble avoir été diminuée; de chaque côté, un larron sur la croix, les cuisses cassées.

Une arcade en doucine enveloppe cette belle sculpture et présente six bustes d'anges, trois de chaque côté, portant les instruments de la Passion. Au sommet de l'arc, le buste du Père éternel, tenant la boule du monde.

De chaque côté de l'arcade s'élèvent deux élégantes pyramides garnies de crochets; le sommet de l'arc est décoré de feuillages.

Le groupe de la descente de croix nous a paru, par son style, par la forme des lettres qui sont dans les bordures des vêtements, remonter à la fin du treizième ou au commencement du quatorzième siècle; mais l'encadrement et les statues dont il est orné rappellent, par leur délicatesse, une époque bien postérieure; c'est au moins le quinzième siècle.

De chaque côté est une crédence, ornée assez richement, et dont les sculptures représentent, à ce que l'on croit, les armes des comtes d'Ambrus, qui possédaient une tombe dans ce sanctuaire, et dont la famille s'éteignit en 1762. Ces crédences offrent, celle à droite de l'autel, un écu portant un château fort couronné de trois pignons. L'écu qui décore celle de gauche porte un chevron accompagné en chef de trois étoiles, et en pointe d'un croissant.

Vers la même époque, on procéda à un autre travail, inspiré sans doute par le meilleur esprit, mais très-fâcheux au point de vue de l'art : les statues de la scène de la descente de croix étaient peintes de couleurs peut-être peu harmonieuses, mais qui, si elles devaient être enlevées, ne devaient pas à coup sûr être *grattées*.

Deux petits caveaux, sous cette chapelle, étaient

destinés à recevoir les corps des bienfaiteurs de ce sanctuaire.

Sur les parois d'une de ces cryptes avaient été incrustées trois pierres, qui en ont été enlevées pour être placées contre le mur de la chapelle supérieure; elles portent toutes trois, en caractères du quatorzième siècle, le mot

I T I S

gravé en creux. Dans la branche horizontale du *t*, on a sculpté en relief les lettres JNRI : Jésus de Nazareth, roi des Juifs.

Une des pierres présente des fleurs de lis au sommet du *t*.

Chapelle de Notre-Dame de Bonne-Nouvelle. — L'autel en pierre est fort remarquable; il est de la même époque que le bâtiment, c'est-à-dire du quinzième siècle. Le mauvais goût lui a fait donner une couleur qui simule l'acajou.

Deux légers piliers supportent un arc en doucine, au-dessus duquel est un bandeau horizontal, et l'intervalle, qui sépare l'arc en doucine et le bandeau, est garni d'une décoration composée de petites colonnettes, unies dans leur partie supérieure par des meneaux toujours variés et toujours gracieux. Au sommet de l'arc en doucine se trouve un joli dais surmonté de nouvelles sculptures.

Les armes de la famille de Mons, que l'on voyait autrefois gravées sur la clef de la voûte, annonçaient encore que cette chapelle est une de leurs œuvres [1].

« Par son testament, daté du 12 décembre 1523, Jean Duboucau, dit Boucallot, demanda à être enseveli dans l'église Saint-Michel, au-devant du grand autel de Notre-Dame, près la chapelle de Henri de Mons. »

Contre le pilier du bas côté, qui sépare cette chapelle de celle du Saint-Esprit, on remarque le décor sous lequel est placé un christ sur la croix. L'encadrement en bois, du quinzième siècle, est remarquable par la richesse du travail.

Chapelle Saint-Joseph. — Trois statues de grandeur naturelle reposent sur des consoles; une au centre, la Vierge; elle tient l'enfant Jésus appuyé contre elle, et deux anges, dépourvus d'ailes, élèvent une couronne au-dessus de sa tête; à sa droite sainte Catherine avec les instruments de son supplice, la roue et l'épée; à sa gauche sainte Barbe. Ces statues sont placées sous des dais arrondis, ayant pour plafond une coquille. Entre les statues s'élèvent des colonnes qu'enroulent des cordons en spirale, et dans les intervalles desquels sont sculptés des crânes humains.

Au-dessous de ces statues, un enfoncement rectangulaire s'appuie sur le tombeau de l'autel, et le milieu du cadre qui entoure cet espace offre un médaillon sculpté que quelques personnes croient représenter

---

[1] Voir la note B.

Louis XI. La présence de ce médaillon en ce lieu s'expliquerait sans doute facilement par le séjour de ce roi à Bordeaux, par sa dévotion particulière pour la Vierge, enfin par les faveurs particulières dont il honora l'église Saint-Michel, et dont cette petite sculpture aurait voulu consacrer tardivement le souvenir. Cependant, malgré toutes ces circonstances, nous hésitons à adopter cette opinion; nous ne reconnaissons pas ici les traits de Louis XI.

Le milieu de ce cadre était autrefois occupé par des sculptures en plâtre, qui ont disparu dans une restauration de ce monument, exécutée en 1842 sur la demande de la Commission des monuments historiques.

La voûte de cette chapelle n'est pas moins remarquable que le monument que nous venons de décrire : c'est une voûte d'arête, chargée principalement aux angles de sculpture, toute d'un fini merveilleux, et représentant les symboles des quatre évangélistes : un lion en face, un bœuf couché et ailé, l'aigle, enfin l'ange.

Quatre clefs, plus petites que celles du centre, lui servent de satellites; des arêtes les unissent au centre et aux angles : des cordons circulaires les réunissent, et leur ensemble forme le dessin d'un quatre-feuilles. De nouvelles clefs s'épanouissent encore aux points de contact avec les arêtes, et achèvent de donner à cette voûte un caractère de richesse qui ressort seulement de leur nombre : on y compte, en effet, dix-sept ornements de ce genre.

Quel fut la destination de ce joli monument? Était-ce un autel? était-ce une tombe? Des insignes de mort si souvent reproduits, des monceaux d'ossements servant de supports aux figures principales, des crânes, des ossements en croix, annoncent évidemment un tombeau ; le nom de chapelle Saint-Joseph, donné à ce sanctuaire par la circonstance que nous avons déjà mentionnée, par l'adoption de ce lieu par des charpentiers de haute futaie, se trouve donc sans rapport aucun avec sa destination, et ne peut nous aider dans nos recherches. Une inscription extérieure nous donne seule quelques indices sur le motif qui a pu doter l'église Saint-Michel d'un chef-d'œuvre si précieux : on lit, dans la galerie extérieure qui couronne ce sanctuaire, les mots :

HENRI DE VALOIS.

Le style de ce monument appartient en effet à la fin du seizième siècle : la grâce et l'élégance antique se sont unies à la coquetterie du gothique fleuri ; on est arrivé au moment où la renaissance vient de remplacer les formes gothiques. Que l'on remarque encore que dans la sculpture, la place d'honneur, la droite de la Vierge, est donnée à sainte Catherine ; et alors on pourra penser que ce monument est un cénotaphe, érigé par ordre de Henri III en l'honneur de Catherine de Médicis, qui fit à Bordeaux un long séjour.

Chapelle Sainte-Anne. — Des tombeaux furent autrefois placés dans des pénétrations du mur méridional. On lit en caractères de l'époque l'épitaphe suivante :

IOAN DE LASRABA ORDENEY
DE PEY DEB MIRALH ADAT EN
AQUESTA HOBRA DEUS BES DE

PEY DEU MIRALH XXX^{tt} REQE
SQUAT IN PACE AME ANNO
DM M CCC L XXX C IIII

Un tombeau dut être aussi placé sous l'arc surbaissé qui, aujourd'hui, a été converti en armoire, sous la seconde travée.

Le retable de l'autel, qui appartenait autrefois à la chapelle des Montuzets, est un beau travail sur bois de la fin du dix-septième siècle, restauré avec soin, en 1842, par M. Ramade, mais beaucoup trop surchargé de dorures.

La clef de la voûte offre une petite statue représentant saint François d'Assise; nous avons dit que cette chapelle était anciennement placée sous le vocable de ce saint.

Chapelle de Sainte-Apollonie.. — On lit l'inscription suivante sur la muraille occidentale de cette chapelle :

CI DEVAT GIST SIRE IAME SOUSTRAULT
DE BORD^x MARCHAT ET BOURGEOIS
QUI DECEDA LE PMIER IO^r DE MIG 1543
ET LE 18e DE JULLET EN CE MOIS DECEDA
JEHANE GRIMARD SA FEME EN LA 1553
REQUIESCANT IN PACE AMEN.

3° *Vitraux peints; tableaux à l'huile.*

Quoique bien incomplets, quoique d'une époque où l'art du verrier est en pleine décadence, les fragments de verrières, qui existent dans l'église Saint-Michel, méritent d'attirer les regards. Plusieurs sont d'un bon dessin; quelques-uns ont conservé des teintes aussi pures, aussi fraîches, que s'ils sortaient à l'instant de l'atelier du verrier; enfin ce sont les seuls vitraux gothiques que présentent les églises de Bordeaux.

La fenêtre absidiale est ornée de verres de couleur. C'est la seule dont les grands compartiments soient occupés dans toute leur hauteur par des sujets peints. Quatre présentent des vieillards : le premier, à partir du sud, s'appuie sur un bâton; les trois suivants portent des légendes sur lesquelles sont inscrits les noms : Jacob, Isaac, Abraham. Le cinquième compartiment n'est caractérisé par aucun attribut; le sixième a pour sujet un ange à genoux, avec la légende *Ave gratiâ plena, Dominus tecum.*

Les meneaux au-dessus renferment des étoiles ou divers autres ornements de fantaisie. Au-dessous des quatre personnages des panneaux du centre est représenté un monogramme.

La fenêtre voisine, à gauche du chœur, a quatre compartiments. Les personnages qui décorent deux de ces baies ne nous ont présenté aucun caractère qui pût nous servir à les reconnaître; le troisième est occupé par un *ecce homo;* dans le quatrième, à gauche, on reconnaît la Vierge et l'enfant Jésus.

Les compartiments formés par les meneaux renferment principalement des étoiles.

Dans la chapelle de Notre-Dame de Bonne-Nouvelle une fenêtre à quatre compartiments présente, dans chacun d'eux, deux personnages, un homme et une femme; et au-devant de ceux-ci, dans le premier compartiment à droite, un enfant; dans le deuxième, deux enfants; dans le troisième, un enfant; dans le quatrième, quatre enfants. Un d'eux, celui de droite, est tourné vers les trois autres auxquels il semble adresser la parole.

Au-dessus, les meneaux forment huit compartiments; sept d'entre eux représentent deux personnages, dont l'un couronné tient un sceptre, et l'autre offre l'apparence d'un vieillard barbu; un seul compartiment ne contient qu'un personnage, qui semble livré au sommeil sous un arbre. Sur les bords de la fenêtre sont quatre anges porteurs de divers instruments : un tient un instrument à vent; deux autres une sorte de mandoline. Deux anges sont aussi placés dans les angles des grands compartiments. Tous ils chantent d'allégresse, en voyant dans le sommet de la verrière l'enfant Jésus sur les genoux de Marie, enveloppée d'une auréole flabelliforme.

Entre les compartiments du centre, on retrouve les armes de la famille de Mons; et en effet la tradition, nous l'avons déjà dit, attribue la fondation de cette chapelle à un membre de la famille de Mons : c'est le seul endroit de l'église où le vandalisme révolutionnaire ait oublié de les effacer.

Dans le transsept, la rose, au-dessus du portail, présente, dans ses meneaux, des personnages portant divers instruments de la Passion, sujet tout à fait en rapport avec l'ornementation sculptée de cette partie.

Le côté *est* du transsept a été percé de trois fenêtres : une à l'extrémité nord, deux à l'extrémité sud, toutes trois garnies de verres de couleur.

Occupons-nous d'abord de celle placée à l'extrémité nord. Au sommet sont deux personnages : l'un d'eux nimbé bénit une femme sans nimbe. Au-dessous, quatre petits compartiments, formés par les meneaux de la croisée, ont reçu chacun un buste d'ange, tantôt à la robe pourprée et aux ailes vertes et roses, tantôt à la robe violet et aux ailes vertes et rouges.

Au-dessus, trois petits compartiments semblables présentent, celui de droite, Isaac préparant le bûcher, celui de gauche, Abraham, prêt à frapper son fils agenouillé ; au milieu, le bûcher envahi par les flammes, sur lequel a été substitué le bélier.

Au-dessous sont les sommets des arcs en trèfle, qui terminent les quatre compartiments de la fenêtre. Un ange nu est à chaque compartiment ; deux tiennent des banderoles ; deux autres paraissent jouer d'instruments en forme de spirale, qui sont placés entre leurs jambes.

Le sommet des quatre baies partielles de la croisée est garni de verres coloriés ; deux offrent la répétition du même sujet : deux anges portant des feuillages. Sur les deux autres, deux anges soutiennent des médaillons ovales, dans lesquels on remarque une tête couronnée, un roi de France probablement, puis une femme dans le second.

Le style de ce vitrail est d'une date bien postérieure à celui des autres vitraux; le dessin de celui-ci indique clairement la renaissance.

La croisée de l'extrémité méridionale du transsept présente, dans les compartiments formés par les meneaux supérieurs, divers sujets, tels que des anges, des fleurs de lis, un château fort; mais la petitesse de ces compartiments n'a pas permis de développer ces objets avec le fini et en même temps avec les détails que l'on admire sur la précédente fenêtre. Nous passerons donc immédiatement aux grands compartiments qui sont occupés en entier par des verres coloriés.

On reconnaît sur le premier un ange, aux ailes rousses, nimbé, et portant la croix;

Au deuxième, la Vierge et l'enfant Jésus;

Au troisième, saint Joseph portant un lis;

Enfin, un abbé mitré et nimbé, avec la crosse tournée en dedans.

La deuxième fenêtre a dans ses meneaux quelques personnages; un écusson parti, à gauche, d'azur à trois fleurs de lis d'or, à droite, d'hermine à huit mouchetures disposées par trois, deux et trois. Ces dernières armoiries étaient celles du duché de Bretagne, et leur union avec celles de France rappelle le mariage de Charles VIII avec Anne de Bretagne; on ne saurait douter, après cet indice, qu'ils ne soient les donateurs de cette verrière.

Les baies de la fenêtre ne nous offrent que la partie inférieure des anciens panneaux qui ont été remontés, et qui ont perdu, dans cette opération, leur partie supérieure. Dans le premier, à droite, est figuré un abbé ou évêque; dans le deuxième une femme élégamment vêtue, peut-être Anne de Bretagne; dans le troisième, la Vierge avec l'enfant Jésus; dans le quatrième, un enfant sur lequel une personne pose la main.

Dans la nef, les deux fenêtres du côté nord, les plus rapprochées du transsept, présentent, la première à l'ouest, six compartiments, la seconde quatre.

Première croisée; premier compartiment. — Saint Michel foulant à ses pieds le démon, couvert du sang qui a jailli sans doute de ses blessures.

Deuxième compartiment. — Sainte Famille; la Vierge tient l'enfant Jésus sur ses genoux; saint Joseph est à ses côtés : un ange déploie au-dessus de la tête de la Vierge une banderole sur laquelle on lit : *Gloria in excelsis*.

Troisième, quatrième et cinquième compartiments. — Ils renferment chacun un personnage, la tête ceinte d'une couronne, et tenant à la main un vase élégant. C'est la suite du vitrail précédent. Chacun de ces personnages est un mage d'Orient qui va offrir son présent à l'enfant de Bethléem.

Sixième compartiment. — Saint Pierre avec les clefs, et à ses pieds un enfant agenouillé en prières; une âme à laquelle les portes du paradis vont être ouvertes.

Dans les premiers compartiments formés par les meneaux, quatre personnages agenouillés portent, au-devant d'eux, des boucliers en forme d'écu sur lequel est tracée une croix grecque; un de ces boucliers supporte des armes, dont la ressemblance avec celles sculptées sur une crédence de la chapelle du Saint Sépulcre, et attribuées, avons-nous dit, par la tradition à la famille d'Ambrus, peut faire supposer que cette verrière est le don d'un membre de cette famille. Malgré quelques détériorations, on reconnaît encore les caractères suivants : de gueule, chargé d'un chevron d'or, accompagné d'un croissant en pointe; en chef d'argent...... (Quelques pièces accessoires ne peuvent être distinguées.)

Plus haut, dans des compartiments semblables, d'autres personnages tiennent presque tous des instruments de musique. Dans le plus élevé est la Vierge avec l'enfant Jésus : une auréole flabelliforme les entoure, et la Vierge pose les pieds sur un croissant.

Deuxième fenêtre; premier compartiment. — Vierge tenant une fleur à la main et enfant Jésus. L'enfant de Marie apprend à marcher dans un de ces appareils connus sous le nom vulgaire de *promène*.

Deuxième compartiment. — Personnage nimbé en manteau; peut-être Raphaël.

Troisième compartiment. — Personnage coiffé d'une mitre; peut-être Gabriel.

Quatrième compartiment. — Le Christ, après la descente de croix, est soutenu par la Vierge, dont la tête manque. Dans les meneaux sont divers personnages. Le sommet de la fenêtre présente le Christ sur la croix; dans les compartiments formés par les meneaux voisins, la Vierge et saint Jean.

Indépendamment de ces vitraux, l'église renferme quelques autres fragments trop incomplets pour offrir un intérêt réel, mais qui servent toujours à donner une idée de la richesse qu'elle présentait autrefois sous ce rapport.

Deux tableaux à l'huile attirent les regards des connaisseurs dans l'église Saint-Michel : l'un, représentant saint François, faisait autrefois partie de la riche galerie formée par le cardinal de Sourdis dans l'ancien palais archiépiscopal; il fut transporté de l'église Saint-Bruno dans celle de Saint-Michel, à l'époque de la révolution.

Le second, ayant pour sujet le sacrifice d'Abraham, est fort remarquable sous le rapport du dessin, et par l'expression des figures.

4° Clocher Saint-Michel.

Les nombreuses recherches faites sur le clocher Saint-Michel nous laissent peu de choses à dire sur ce sujet. Ainsi l'on a déjà répété plus d'une fois que le clocher isolé s'élève à 30 mètres de l'église, sur l'emplacement d'une campanille qui remontait à une époque antérieure; que l'on travailla à cette œuvre pendant vingt ans, de 1472 à 1492; que les constructeurs furent les sieurs Labat père et fils, et les architectes Hugues Bauduchen et Guillaume le Renard; qu'en juillet 1495 les clochetons qui entouraient la flèche, *las fillotes deu cloquey*, furent abattus par un ouragan; que les tempêtes [1] ne cessèrent de livrer une lutte achar-

---

[1] Les chroniques mentionnent, comme ayant renversé des parties im-

née aux efforts de l'homme qui, pendant longtemps, s'efforça de mettre obstacle à l'action destructive de l'atmosphère, en réédifiant ce que les éléments abattaient. Mais en 1817, au lieu de continuer cette lutte, il aida à l'action destructive du temps, en achevant de démolir les pyramides que les tempêtes n'avaient pas entièrement abattues, et en 1823 un télégraphe fut placé sur le sommet de cette tour. Tous ces détails, et bien d'autres, ont été résumés, il n'y a pas longtemps, dans un travail intéressant [1], qui nous dispense d'être plus circonstancié.

Nous ne nous étendrons pas non plus sur plusieurs projets de reconstruction mis en avant à diverses époques : nobles inspirations d'artistes qui, aujourd'hui, sont de vrais anachronismes. Nous ajouterons cependant un nom célèbre aux listes déjà données : celui de Vauban [2] qui, non pas dans un but archéologique ou religieux, mais dans un intérêt militaire, en sollicita aussi la restauration.

Le sol sablonneux et absorbant du caveau qui est sous cette tour possède la propriété de conserver les corps. Un de nos collègues a décrit [3] les traditions qui se rattachent aux habitants de cette sombre demeure.

Il ne nous reste aujourd'hui qu'à examiner le clo-

---

portantes du clocher Saint-Michel, des coups de temps survenus le 5 décembre 1574, le 22 janvier 1608, en 1660, le 8 septembre 1768.

[1] *Histoire du clocher Saint-Michel et de son caveau*, par J. M.
[2] Voir la Note C.
[3] M. G. Brunet, *Guy. hist. et monum.*

cher, à le décrire, et à reconnaître le style de son architecture.

« Après l'événement de 1768, la flèche, dit M. Bernardau, avait encore soixante-douze pieds. Avant l'ouragan de 1574, elle avait cent quarante-six pieds. L'élévation totale de ce clocher dans son entier fut d'environ trois cents pieds. »

Aujourd'hui, la tour mutilée à base hexagonale, et un tronçon de la flèche, voilà tout ce qui subsiste de ce monument.

Ce massif est défendu à ses angles par des contreforts formant, dans leur hauteur, plusieurs retraites masquées par des pyramides engagées.

La tour se compose d'un soubassement très-élevé, terminé par de forts cordons; puis de trois étages éclairés chacun par des fenêtres. Au-dessous du premier cordon on remarque des restes de beaux caractères en pierre, trop incomplets aujourd'hui pour qu'on puisse essayer de retrouver le sens de l'inscription.

La flèche octogone avait à sa base des portes couronnées de cordons formant pignon; des ouvertures en forme de larmes lui communiquaient une large lumière.

A l'intérieur du clocher, un escalier conduit dans un charnier dont le sol a été considérablement exhaussé par le grand nombre de corps qui y ont été déposés. Un plancher est établi aux naissances d'une voûte légèrement ogivale et à nervures saillantes. Sur les parois, on remarque d'anciennes fenêtres clôturées. Et, en effet, l'abbé Baurein fait connaître que ce lieu était jadis une chapelle, dans laquelle on célébrait des services dès la fin du quatorzième siècle. « Il y a même, dit cet auteur, une porte en partie comblée par les ossements, qui est à l'entrée d'un souterrain qui aboutit, à ce qu'on prétend, vers le puits ou fontaine situé sur la place du Marché-Neuf. Cette place était autrefois un cimetière connu, dans les anciens titres, sous le nom de *porge Saint-Jean*. »

Au-dessous de cette ancienne chapelle, du charnier actuel, existe un second charnier, dans lequel on ne pénètre plus. Lorsqu'il fut comblé d'ossements (1575), on transforma la chapelle supérieure en nouveau charnier. En 1842, une nouvelle chapelle a été établie dans l'étage supérieur, au rez-de-chaussée du clocher.

En 1379, la confrérie de Saint-Michel, et en 1414, la confrérie de la Trinité, faisaient célébrer des anniversaires dans le *charnier de Saint-Michel*. Dans une enquête de 1444, il est question du *campanille de Saint-Michel*. En 1514, ce n'est plus sous ce nom que ce monument est désigné : dans une transaction entre le curé et la fabrique de Saint-Michel, on l'appelle le *clochier*. D'où vient cette différence de noms ? « C'est, répond judicieusement l'abbé Baurein, qu'il lui est survenu une nouvelle forme extérieure, et qu'il a servi de base au clocher, qui est pour ainsi dire enté sur ce charnier. » Ainsi voilà révélée l'existence, sur le même emplacement, d'un monument plus ancien et du même genre, dont l'existence datait probablement de l'époque ancienne de l'église, c'est-à-dire du treizième siècle.

En 1493, on démolit quatre *murailles vieilles et la voûte vieille* du clocher. « C'est l'ancien édifice, dit toujours l'abbé Baurein, qu'on abattit pour lors pour dégager le bas de ce clocher; et ce fut vraisemblablement après cette démolition qu'on construisit les murs qui sont entre les gros piliers depuis le bas jusqu'au premier arceau, et qu'on jugea à propos de soutenir ce cintre par des arcs-boutants ou petits piliers qui y vont buter, qui sont placés au milieu de six gros piliers qui soutiennent tout l'édifice. »

La coupe des pierres indique en effet, d'une manière évidente, l'existence de ces cintres; et la manière dont les petits piliers appuient contre les faces, en interrompant par leur sommet les bordures des cintres, prouve évidemment que de vastes portes furent ouvertes dans le principe; que le clocher fut porté primitivement sur les seuls piliers, et que ce n'est qu'à une époque postérieure que les vides furent remplis et les contre-forts secondaires élevés.

En voilà assez pour prouver que le clocher Saint-Michel est un édifice important qui, comme œuvre d'art d'abord, et plus tard comme objet d'utilité publique, puisqu'il est affecté aujourd'hui à l'administration du télégraphe, mérite un double intérêt. Depuis longtemps cependant sa conservation n'est plus l'objet d'aucun soin : les cordons sont en ruine, les ouvertures sont déformées, les lézardes le sillonnent; demain peut-être, un contre-fort se détachera de la masse et entraînera, indépendamment de la chute du clocher, d'affreux accidents. A l'intérieur, l'escalier, qui sert à l'administration du télégraphe, est dans un tel état de dégradation qu'il ne tardera pas à devenir impraticable. Enfin, le séjour de cette administration a été plus d'une fois funeste à un monument que son devoir est d'autant plus de protéger, qu'elle en retire un service. Or, non-seulement, en 1822, on a démoli cinq assises pour faciliter l'établissement des machines; mais les accessoires indispensables d'une habitation ont été l'occasion de nombreux percements de murs, de voûtes; des infiltrations sont une cause incessante de ruine. L'on ne saurait donc qu'applaudir aux réclamations qu'élève en ce moment le conseil de fabrique, qui, en faisant reconnaître ses droits d'usufruitier du monument, demande aussi que l'administration télégraphique concoure à assurer la conservation d'un édifice, dont l'état affreux de délabrement est une cause de regret pour tous les amis des arts, et peut-être de péril pour la sûreté publique.

NOTES.

A

C'EST DANS CETTE ÉGLISE QUE DEVOIT ÉTRE
ENSEVELI LE CORPS DU Sr B^d MAIS IL A
PRIS SA SÉPULTURE AU CIMETIERE DES
PAUVRES DE L'HOPITAL St ANDRÉ, AINSI IL A
FAIT METTRE SA TOMBE, POUR SERVIR DE
MONUMENT A RENDRE MEMORABLE JUSQU A LA
FIN DES SIECLES LE SOIN DE MAINTENIR LA
FONDATION QUIL A FAITE A PERPETUITE POUR
MARIER DEUX PAUVRES FILLES CHAQUE ANNÉE
NATIVES DE CETTE PAROISSE ET Y HABITANT
NON AUTRES, SI CE N'EST CELLE DE SA FAMILLE
QUI SE TROUVERONT DANS LE BESOIN
LESQUELLES SERONT PRIVILÉGIÉES
IL A AUSSI FAIT UNE AUTRE FONDATION AU
COUVENT DES AUGUSTINS POUR UNE MESSE
CHAQUE JOUR A PERPÉTUITÉ DANS LES VUES
SUIVANTES. APRÈS AVOIR FAIT LE SIGNE
DE LA CROIX J AI DIT AVEC HUMILITÉ MON DIEU
AYES PITIE DE MON AME S IL VOUS PLAIT
AGREES JE VOUS PRIE CES FAIBLES OEUVRES
AU NOM ET MERITE DE VOTRE CHER FILS
MON SAUVEUR POUR ACQUITTER L'EXPIATION
DE MES PECHÉS POUR CEUX DE QUI JE PUIS AVOIR
RETENU QUELQUE CHOSE INJUSTEMENT SI
JE NY AI PAS SUFFISAMMENT SATISFAIT SELON
L'EQUITÉ DE VOTRE JUSTICE POUR MES PERES
ET MÈRES, PARENS, AMIS OU AUTRES, AINSI QUE
POUR MES ENNEMIS. MON DIEU QUE VOTRE
SAINTE VOLONTÉ SACCOMPLISSE A CE SUJET
AINSI QU'EN TOUTE AUTRE ET NON LA MIENNE
JE PRIE TOUS CEUX QUE DIEU INSPIRERA

QUELQUES REGARDS SUR CEST MONUMENT QU'ILS
AIENT LA CHARITÉ DE DIRE UN PATER ET UN
AVE MARIA POUR LE SALUT DE MON AME, EN SE
CONSIDÉRANT EUX MÊMES PARTICIPANTS
A CES ŒUVRES DE CHARITÉ.
FAIT LE 26 SEPTEMBRE LAN DE GRACE 1775
ET A ÉTÉ ENSEVELI LE

B

Nous devons à l'obligeance de M. de Piis la communication des armoiries de la maison de Mons; cette famille portait :
D'azur, à trois molettes d'éperon d'or, posées deux et une ; au chef de gueules, chargé d'un lion passant d'or, armé et lampassé de gueules : l'écu surmonté de la couronne de marquis; supports deux anges debout, tenant chacun une bannière aux armes de Mons.
La devise était *fortis ut Mons.*
La maison de Mons écartelait dans son écu les armes de Foix, de Béarn et de la Force.

C

Nous devons la communication du projet de Vauban à l'obligeance de M. Arnaud d'Etcheverry, archiviste de la ville de Bordeaux.
« Il y a une grosse tour qui sert de clocher à l'église Saint-Michel, dans le cimetière de laquelle se faict ordinairement l'assemblée des muttins, et qui se trouve placée presque au milieu de leurs quartiers. Cette tour est une des plus belles pièces de l'Europe. Ce seroit très-mal faict que de l'abattre, tant par la considération de la pièce même, qui est un très-beau clocher, que pour l'utilité qu'on en peut retirer dans le temps soubsonneux de sédition, d'autant qu'elle contient trois étages extrêmement élevés, avec des galleries tout autour, d'où l'on enfile et plonge sept ou huit vues de la ville, toutes en la place et le cimetière des en-

virons, et une infinité de cours et jardins de bourgeois. Enfin, on peut dire qu'elle commande du mousquet tout le quartier des muttins, et que, toutes les fois qu'il y aura trente hommes dedans, il est impossible qu'on y puisse faire aucun mouvement ni assemblée considérable qui n'en soit découverte. C'est pourquoi je serais d'advis d'en raccommoder les galeries qui sont rompues, refaire leurs parapets et gardefous qui sont très-ébrechés, raccommoder ce qui manque aux estages, spécialement à celui qui est le plus élevé et le plus près de la naissance de la pyramide dont il faudrait refaire les planchers, murer les fenêtres jusqu'à my hauteur, y percer des créneaux, rétablir la galerie, et faire quelques cloisons et séparations sur les voûtes d'en bas, pour servir de corps-de-garde et de lieu à pouvoir retirer quelques vivres et biscuits en sûreté, et mettre un coffre garni de fer-blanc, dont le couvercle sera faict en dos d'âne et bien redoublé dans chaque étage, afin d'y pouvoir tenir des munitions en sûretté. Il serait nécessaire de plus de faire deux ou trois bonnes portes à sa montée, et de percer cinq ou six créneaux dans sa première voûte, fermer de madriers, à preuve de mousquet, le trou par où on monte les cloches avec une petite trape pour pouvoir laisser tomber des grenades; après quoi boucher le trou de la cave et couvrir le sol du bas d'un demi-pied de terre bien applanie, pour empêcher les grenades de se casser en tombant. On peut encore faire un plancher au-dessus de l'assemblage de la charpenterie des cloches, qui ferait une plateforme merveilleuse; moyennant cette séparation, il n'y a qu'une batterie de deux ou trois jours de gros canons et bien servie qui puisse obliger ceux qui seront dans cette tour à se rendre; et il est constant que trente hommes, postés à propos dedans, incommoderont beaucoup plus le quartier des séditieux que tous les forts de la place ensemble. Il serait d'ailleurs de la piété du roi de lui restituer ses cloches et de faire raccommoder la pointe de la pyramide, dont cinq ou six toises furent abattues l'an passé d'un coup de foudre.

» Fait à Bayonne, le 20ᵉ avril 1680. — Signé VAUBAN. »

Suit une estimation montant à 6,000 fr. pour l'exécution des travaux d'appropriation qui viennent d'être indiqués.

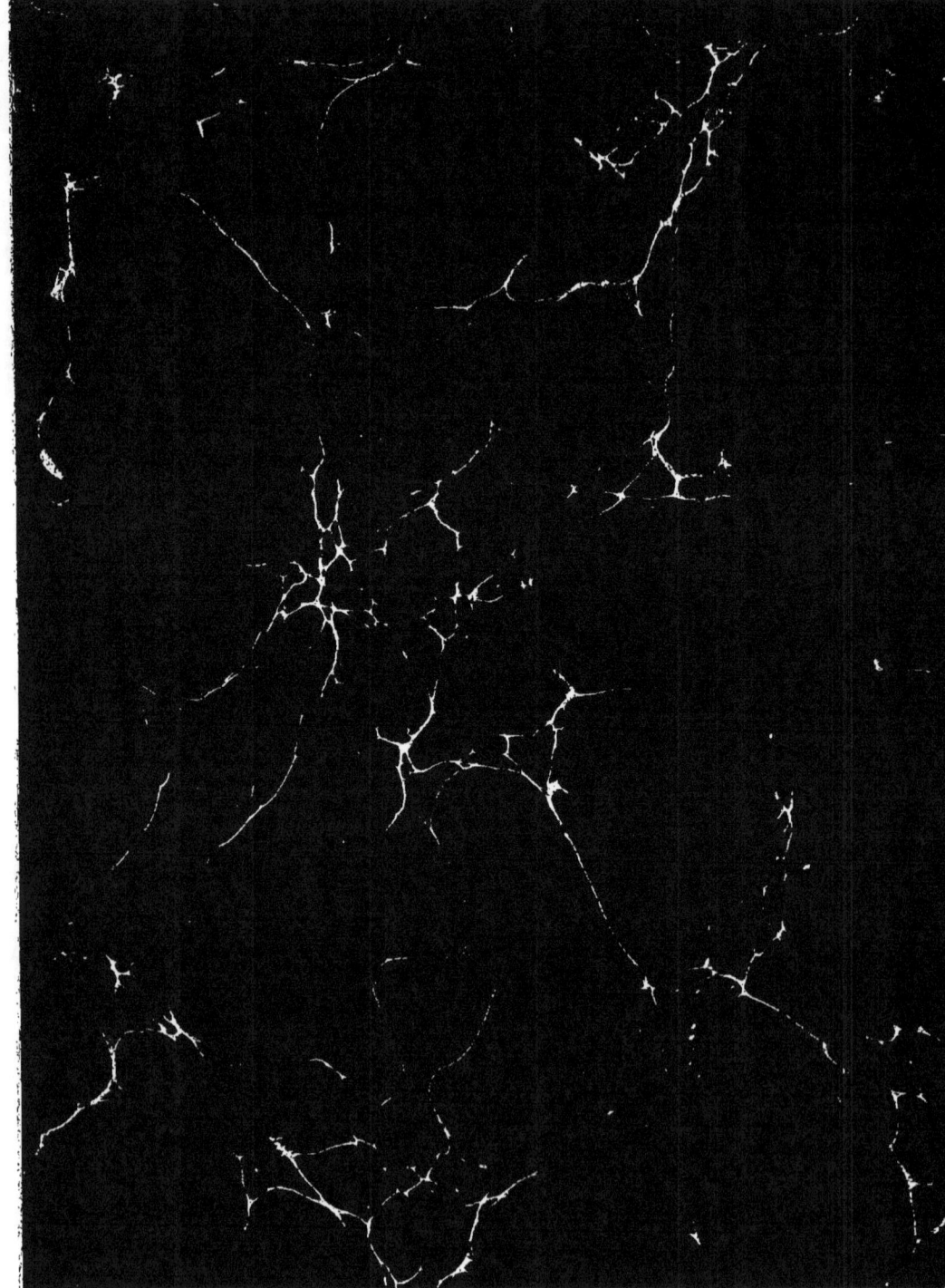

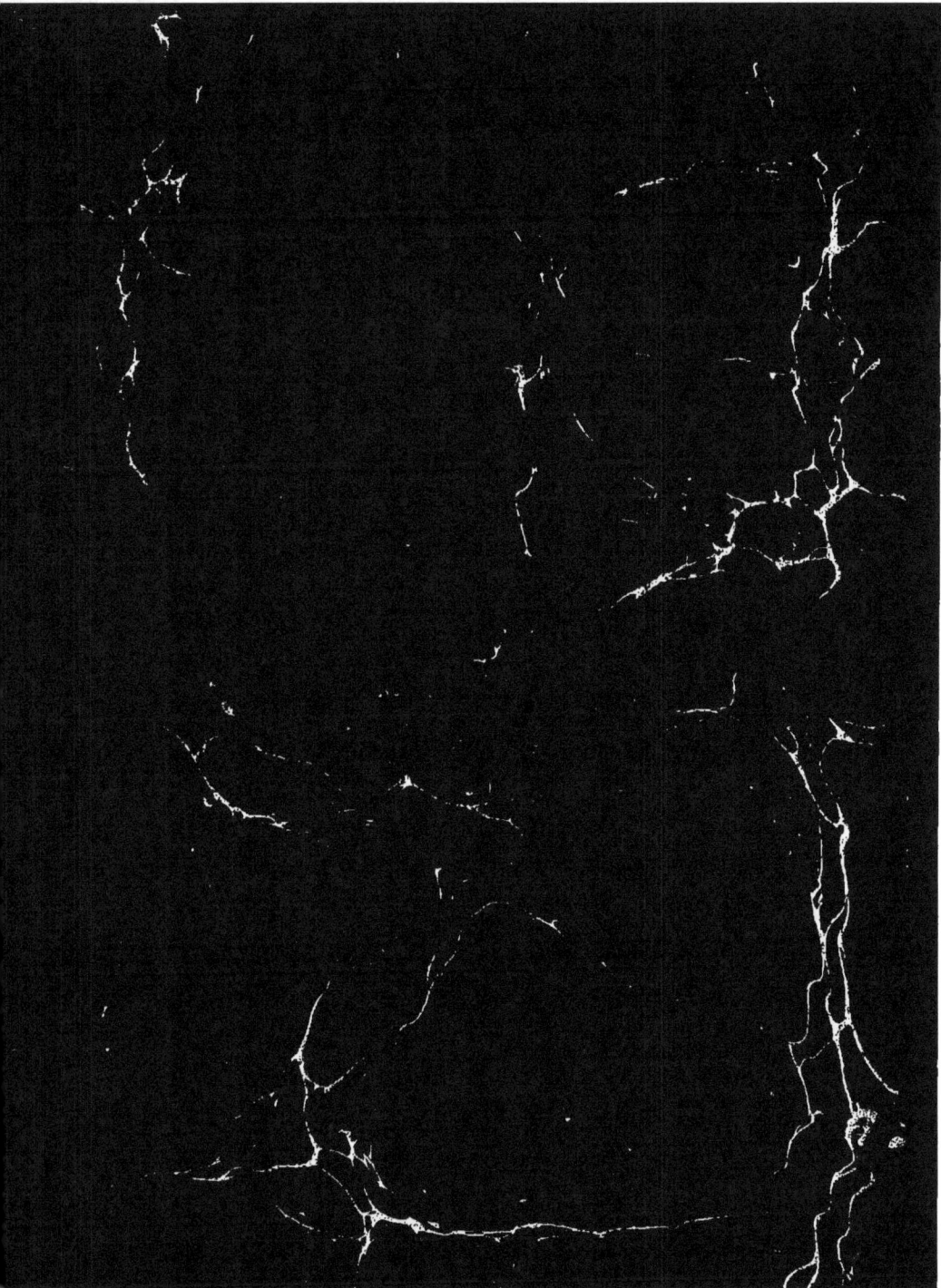

www.ingramcontent.com/pod-product-compliance
Lightning Source LLC
LaVergne TN
LVHW050647090426
835512LV00007B/1078